Pretest

75 Minutes 50 Questions

Items 1 and 2 refer to the following information.

The Eastern Woodland people of North America lived in what is now the northeastern part of the United States. The Mohawk, Oneida, Seneca, and other groups lived by hunting, farming corn and squash, fishing, and gathering berries. By contrast, people of the Northwest, including Nootka, Tillamook, and Coos, survived by fishing for salmon, cod, herring, and halibut in the crowded streams and coastal waters and by using the trees of the huge forests of the area for many of their needs.

1. Salmon was a staple in the diet of the

   (1)   Tillamook.
   (2)   Seneca.
   (3)   Mohawk.
   (4)   Oneida.
   (5)   people of the Northeast.

2. The passage indicates that a native people's way of living depended on

   (1)   the fish available in the region.
   (2)   the proximity of streams and coastal waters.
   (3)   the crops and berries that grew in the region.
   (4)   the geography and resources of the region.
   (5)   the proximity of large forests.

3. When you enter a grocery store, you may find that the produce section is located near the entrance. Store owners believe the smells of fresh fruits and vegetables will make you hungry, which in turn will cause you to

   (1)   sample the fresh produce as you shop.
   (2)   leave the store and return after you have eaten.
   (3)   purchase more food items.
   (4)   search the shelves for your favorite brands.
   (5)   rush through your shopping so you can go home to eat.

ROAD MAP

- *Pretest*
- *Answer and Explanations*

Examen Preliminar

75 Minutos 50 Preguntas

Instrucciones: Seleccione la <u>mejor respuesta</u> a cada pregunta.

Las preguntas 1 y 2 se basan en la siguiente información.

La población de los bosques del este de Norteamérica habitaba en lo que actualmente es la parte noreste de los Estados Unidos. Los Mohicanos, Oneida, Séneca y otros grupos vivían de la caza, la pesca, el cultivo de maíz y calabaza y la recolección de bayas. Por el contrario, la gente del noroeste, incluidos los Nootka, Tillamook y Coos, sobrevivían de la pesca del salmón, bacalao, arenque y mero en los arroyos y corrientes costeras y utilizaban los árboles de los inmensos bosques del área para satisfacer muchas de sus necesidades.

Sinopsis

- *Examen Preliminar*
- *Respuestas y Explicaciones*

1. El salmón era un alimento básico en la dieta de

   (1) los Tillamook.
   (2) los Séneca.
   (3) los Mohicanos.
   (4) los Oneida.
   (5) las poblaciones del noreste.

2. El fragmento indica que la forma de vida de un nativo dependía de

   (1) el pescado disponible en la región.
   (2) la proximidad a los arroyos y corrientes costeras.
   (3) los cultivos y las bayas que crecían en la región.
   (4) la geografía y los recursos de la región.
   (5) la proximidad a los grandes bosques.

3. Al ingresar a una tienda, comprobará que la sección de frutos está ubicada cerca de la entrada. Los propietarios de las tiendas creen que los olores de las frutas y vegetales frescos le provocarán hambre, lo que hará que usted

   (1) pruebe el fruto fresco a medida que compra.
   (2) deje la tienda y regrese después de comer.
   (3) compre más alimentos.
   (4) busque en los estantes sus marcas favoritas.
   (5) se apresure en su compra para poder llegar a su hogar y comer.

4. Forty-nine of the fifty states have bicameral, or two-house, legislatures. Nebraska is the only state with a unicameral, or one-house, legislature. What is one possible disadvantage of Nebraska's unicameral legislative system?

    (1) Bills might pass too quickly, without adequate consideration.
    (2) Voters would have fewer choices in elections.
    (3) Fewer people would have the opportunity to run for office.
    (4) One interest group could dominate the entire legislature.
    (5) The efficiency of state government could be obstructed.

Items 5 and 6 are based on the following passage.

"The accumulation of all powers, legislative, executive, and judiciary in the same hands... is the very definition of tyranny"

—From Federalist 47 by James Madison

5. The fear expressed by James Madison is the fear of

    (1) concentration of power.
    (2) division of power.
    (3) executive authority.
    (4) an independent judiciary.
    (5) checks and balances.

6. The Constitution follows through on Madison's ideas by

    (1) dividing power between state and national governments.
    (2) separating power among the three branches of government.
    (3) adopting a Bill of Rights.
    (4) making ratification very difficult.
    (5) creating a complicated amending process.

7. The Articles of Confederation framed the first government of the United States. They were replaced by the

    (1) Declaration of Independence.
    (2) Constitution.
    (3) Northwest Ordinance.
    (4) Doctrine of Nullification.
    (5) Mayflower Compact.

8. In order to further protect the people against the threat of abusive government, the Anti-Federalists demanded and won the

    (1) Bill of Rights.
    (2) life term for federal judges.
    (3) two-term presidency.
    (4) taxation power of Congress.
    (5) term limits for all federal officials.

4. Cuarenta y nueve de los cincuenta estados cuentan con legislaturas bicamerales. Nebraska es el único estado que posee una legislatura unicameral. ¿Cuál es una de las posibles desventajas del sistema legislativo unicameral de Nebraska?

(1) Los proyectos de ley tal vez se aprueben demasiado rápido, sin el análisis adecuado.

(2) Los votantes tendrían menos opciones en las elecciones.

(3) Menos personas tendrían la oportunidad de ocupar cargos.

(4) Un grupo de interés podría dominar toda la legislatura.

(5) Se podría obstruir la eficiencia del gobierno estatal.

Las preguntas 5 y 6 se basan en el siguiente fragmento.

"La acumulación de todos los poderes, legislativo, ejecutivo y judicial en las mismas manos... es la definición misma de la tiranía".

—Federalista 47, por James Madison

5. James Madison expresa temor a

(1) la concentración del poder.

(2) la división del poder.

(3) la autoridad ejecutiva.

(4) un poder judicial independiente.

(5) el sistema de pesos y contrapesos.

6. La Constitución sigue las ideas de Madison mediante

(1) la división de poderes entre el gobierno estatal y nacional.

(2) la división de poderes entre las tres ramas del gobierno.

(3) la adopción de la Declaración de Derechos.

(4) la dificultad de la ratificación.

(5) la creación de un proceso de enmiendas complicado.

7. Los Artículos de la Confederación enmarcaron al primer gobierno de los Estados Unidos. Fueron remplazados por

(1) la Declaración de la Independencia.

(2) la Constitución.

(3) la Ordenanza del Noroeste.

(4) la Doctrina de la Anulación.

(5) el Convenio del Mayflower.

8. A fin de ofrecer mayor protección a las personas contra la amenaza de un gobierno abusivo, los antifederalistas exigieron y ganaron

(1) la Declaración de Derechos.

(2) el cargo vitalicio para los jueces federales.

(3) dos mandatos presidenciales.

(4) el poder del Congreso en lo que respecta a la tributación.

(5) límites al mandato de todos los funcionarios federales.

Items 9 and 10 refer to the time zone map below.

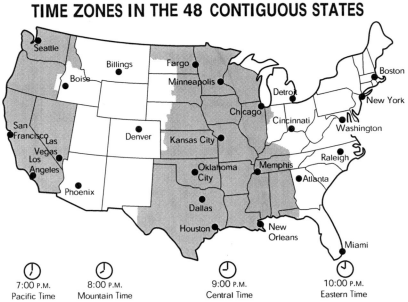

TIME ZONES IN THE 48 CONTIGUOUS STATES

7:00 P.M.
Pacific Time

8:00 P.M.
Mountain Time

9:00 P.M.
Central Time

10:00 P.M.
Eastern Time

9. When it is 1 a.m. in Atlanta, what time is it in Los Angeles?

   (1)   midnight
   (2)   2 a.m.
   (3)   1 p.m.
   (4)   11 p.m.
   (5)   10 p.m.

10. When it is 2 p.m. in Seattle, what time is it in San Francisco?

   (1)   noon
   (2)   1 p.m.
   (3)   2 a.m.
   (4)   2 p.m.
   (5)   11 a.m.

Las respuestas 9 y 10 se basan en el mapa de husos horarios que se encuentra a continuación.

HUSOS HORARIOS EN LOS 48 ESTADOS CONTIGUOS

9. Cuando es la 1 a.m. en Atlanta, ¿qué hora es en Los Angeles?

   (1)   Medianoche.
   (2)   2 a.m.
   (3)   1 p.m.
   (4)   11 p.m.
   (5)   10 p.m.

10. Cuando son las 2:00 p.m. en Seattle, ¿qué hora es en San Francisco?

   (1)   Mediodía.
   (2)   1 p.m.
   (3)   2 a.m.
   (4)   2 p.m.
   (5)   11 a.m.

Items 11–13 refer to the following graph.

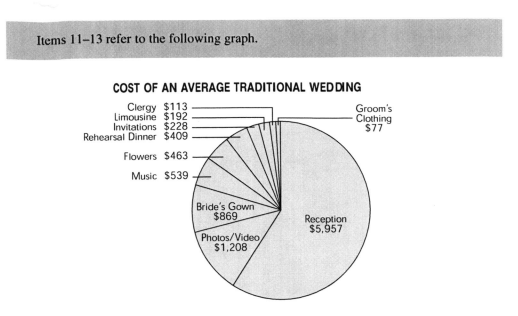

COST OF AN AVERAGE TRADITIONAL WEDDING

Clergy $113
Limousine $192
Invitations $228
Rehearsal Dinner $409
Flowers $463
Music $539
Bride's Gown $869
Photos/Video $1,208
Reception $5,957
Groom's Clothing $77

11. According to the graph, which two categories cost less than the limousine?

   (1)   Invitations and clergy
   (2)   Music and the flowers
   (3)   Clergy and groom's clothing
   (4)   Rehearsal dinner and invitations
   (5)   Groom's and bride's clothing

12. A couple on a limited budget would save the most money by cutting back on which category?

   (1)   The rehearsal dinner
   (2)   The reception
   (3)   The invitations
   (4)   The photographs and video
   (5)   The music

13. The average traditional wedding shown in the graph costs slightly more than $10,000. About what portion of that amount is the cost of the reception?

   (1)   Less than 10 percent
   (2)   About 90 percent
   (3)   About 30 percent
   (4)   A little less than half
   (5)   About 60 percent

14. This president was the first to come from a western state and welcomed average people to his victory celebration, part of which was held on the White House lawn. Which president are we describing?

   (1)   George Washington
   (2)   Thomas Jefferson
   (3)   Ronald Reagan
   (4)   Andrew Jackson
   (5)   James K. Polk

Las preguntas 11 a 13 se basan en la siguiente gráfica.

COSTO DE UNA BODA TRADICIONAL PROMEDIO

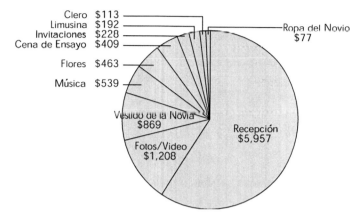

11. De acuerdo con la gráfica, ¿cuáles dos categorías cuestan menos que la limusina?

    (1)   Las invitaciones y el clero.

    (2)   La música y las flores.

    (3)   El clero y la ropa del novio.

    (4)   La cena de ensayo y las invitaciones.

    (5)   La ropa de ambos novios.

12. Una pareja con un presupuesto limitado ahorraría más dinero reduciendo ¿qué categoría?

    (1)   La cena de ensayo.

    (2)   La recepción.

    (3)   Las invitaciones.

    (4)   Las fotografías y el video.

    (5)   La música.

13. La boda tradicional promedio que se muestra en la gráfica cuesta un poco más de $10,000. ¿Aproximadamente qué porcentaje de esa cantidad representa el costo de la recepción?

    (1)   Menos del 10 por ciento.

    (2)   Alrededor del 90 por ciento.

    (3)   Alrededor del 30 por ciento.

    (4)   Un poco menos de la mitad.

    (5)   Alrededor del 60 por ciento.

14. Este presidente fue el primero en venir de un estado del oeste e incluyó a la población común en la celebración de su victoria, parte de la cual se realizó en los jardines de la Casa Blanca. ¿A qué presidente estamos describiendo?

    (1)   George Washington.

    (2)   Thomas Jefferson.

    (3)   Ronald Reagan.

    (4)   Andrew Jackson.

    (5)   James K. Polk.

Items 15 and 16 are based on the following passage.

The preamble to the Declaration of Independence states in part: "When in the course of human events it becomes necessary for one people to dissolve the political bands which have connected them with another...a decent respect to the opinions of mankind requires that they should declare the causes which impel them to separation."

15. Another word for preamble would be

    (1)   conclusion.

    .(2)   introduction.

    (3)   body.

    (4)   appendix.

    (5)   amendment.

16. The Declaration of Independence sets forth the

    (1)   laws of the land.

    (2)   reasons for revolting against England.

    (3)   Bill of Rights.

    (4)   new form of government.

    (5)   reasons for the abolition of slavery.

17. In the first years of the existence of the United States, the right to vote was limited to white male landowners aged 21 or over. Since then there has been a gradual extension of this right to include women, minorities, and people aged 18 and over, regardless of economic status. Which statement best describes why this extension of rights has taken place?

    (1)   The great growth in overall population has been the major cause of the extensionof voting rights.

    (2)   The idea has grown that all people are equal and should be treated as such.

    (3)   The westward movement of white settlers in the 1800s led to the need for more voters west of the Mississippi River.

    (4)   The elimination of slavery in 1865 was the main reason for this extension of rights.

    (5)   More people today feel qualified to elect responsible leaders.

18. Which of the following men is best known as the leader of the American civil rights movement of the 1960s?

    (1)   W. E. B. Du Bois

    (2)   Jesse Jackson

    (3)   Martin Luther King Jr.

    (4)   Booker T. Washington

    (5)   Marcus Garvey

19. In his January 1961 inaugural address, a new American president said, "Ask not what your country can do for you—ask what you can do for your country." Which president was this?

    (1)   George Washington

    (2)   Abraham Lincoln

    (3)   Theodore Roosevelt

    (4)   John F. Kennedy

    (5)   Bill Clinton

Las preguntas 15 y 16 se basan en el siguiente pasaje.

El preámbulo de la Declaración de la Independencia declara en parte: "Cuando en el curso de los eventos humanos se torna necesario para ciertas personas disolver los grupos políticos que las conectaban con otras...el respeto a las opiniones de la humanidad exige que declaren las causas que los llevaron a la separación."

15. Otra palabra para preámbulo sería

(1)   conclusión.
(2)   introducción.
(3)   cuerpo.
(4)   apéndice.
(5)   enmienda.

16. La Declaración de la Independencia establece

(1)   las leyes nacionales.
(2)   las razones para sublevarse contra Inglaterra.
(3)   la Declaración de Derechos.
(4)   una nueva forma de gobierno.
(5)   las razones de la abolición de la esclavitud.

17. Durante los primeros años de la existencia de los Estados Unidos, el derecho a votar estaba limitado a los hombres blancos propietarios de tierras de 21 años de edad o mayores. Desde ese entonces, este derecho se ha extendido gradualmente hasta incluir a las mujeres, las minorías y las personas de 18 años de edad y mayores, sin importar su situación económica. ¿Cuál de las siguientes afirmaciones describe mejor la razón por la cual se ha implementado esta extensión de derechos?

(1)   El gran crecimiento de la población ha sido la causa principal de la extensión de los derechos de voto.
(2)   Se ha difundido la idea de que todas las personas son iguales y deberían tratarse como tales.
(3)   El movimiento hacia el oeste de los pobladores blancos en el siglo XIX condujo a la necesidad de más votantes al oeste del Río Mississippi.
(4)   La eliminación de la esclavitud en 1865 fue la razón principal de esta extensión de derechos.
(5)   Actualmente, más personas se sienten capacitadas para elegir líderes responsables.

18. ¿Cuál de los siguientes hombres es conocido como el líder del movimiento estadounidense por los derechos civiles de la década de 1960?

(1)   W. E. B. Du Bois.
(2)   Jesse Jackson.
(3)   Martin Luther King (h).
(4)   Booker T. Washington.
(5)   Marcus Garvey.

19. En su discurso inaugural de 1961, el nuevo presidente de los Estados Unidos dijo: "No pregunten qué puede hacer su país por ustedes, sino qué pueden hacer ustedes por su país". ¿Qué presidente fue?

(1)   George Washington.
(2)   Abraham Lincoln.
(3)   Theodore Roosevelt.
(4)   John F. Kennedy.
(5)   Bill Clinton.

Items 20–22 are based on the following cartoon.

20. This cartoon was drawn in 1874 during the era of rebuilding after the U.S. Civil War, known as the

    (1)   Renaissance.
    (2)   Reconstruction.
    (3)   Reorganization.
    (4)   Reformation.
    (5)   Restructuring.

21. The motto above the head of the freed slaves, "worse than slavery" refers to

    (1)   the work of the Freedman's Bureau.
    (2)   the radical Republicans.
    (3)   the development of the Ku Klux Klan and other white reactionary groups.
    (4)   Southern lifestyles unfamiliar to African Americans.
    (5)   service in the African American regiments of the Union army.

22. A logical conclusion drawn from this cartoon is that

    (1)   the Civil War was a total success.
    (2)   African American in the South had a wonderful life as a result of the Civil War.
    (3)   true freedom for the African American would be a long struggle.
    (4)   the Klan was able and ready to help African Americans.
    (5)   Reconstruction succeeded in extending equality to the freed slaves.

Las preguntas 20 a 22 se basan en la siguiente ilustración.

20. Esta ilustración se dibujó en 1874 durante el período de reconstrucción después de la Guerra Civil estadounidense, conocido como

   (1)   Renacimiento.

   (2)   Reconstrucción.

   (3)   Reorganización.

   (4)   Reforma.

   (5)   Reestructuración.

21. El lema que perseguía a los esclavos liberados, "peor que la esclavitud" se refiere

   (1)   al trabajo de la Freedman's Bureau.

   (2)   a los republicanos radicales.

   (3)   al desarrollo del Ku Klux Klan y otros grupos reaccionarios blancos.

   (4)   estilos de vida sureños desconocidos para los afroamericanos.

   (5)   al servicio en los regimientos afroamericanos del ejército estadounidense.

22. Una conclusión lógica que se deduce de esta ilustración es que

   (1)   la Guerra Civil fue un éxito total.

   (2)   los afroamericanos en el sur tuvieron una vida maravillosa como resultado de la Guerra Civil.

   (3)   la verdadera libertad de los afroamericanos tomaría una larga lucha.

   (4)   el Klan podía y estaba preparado para ayudar a los afroamericanos.

   (5)   la reconstrucción otorgó igualdad a los esclavos liberados.

Items 23–25 refer to the globe.

LATITUDE AND LONGITUDE

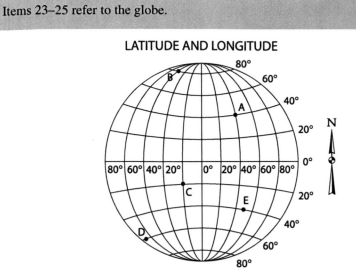

23. Which point on the globe can be found at 80 degrees north, 60 degrees west?

    (1)   Point A
    (2)   Point B
    (3)   Point C
    (4)   Point D
    (5)   Point E

24. Which point probably has the warmest year-round weather?

    (1)   Point A
    (2)   Point B
    (3)   Point C
    (4)   Point D
    (5)   Point E

25. A traveler going from point B to point E would travel in which direction?

    (1)   North
    (2)   West
    (3)   Southeast
    (4)   Southwest
    (5)   Northwest

Las preguntas 23 a 25 se basan en el globo.

LATITUD Y LONGITUD

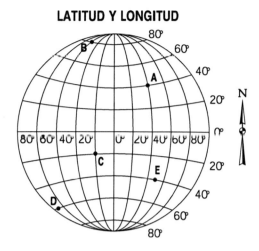

23. ¿Qué punto en el globo se encuentra a 80 grados norte, 60 grados oeste?

(1)   Punto A.

(2)   Punto B.

(3)   Punto C.

(4)   Punto D.

(5)   Punto E.

24. ¿Qué punto probablemente tenga el clima más cálido durante todo el año?

(1)   Punto A.

(2)   Punto B.

(3)   Punto C.

(4)   Punto D.

(5)   Punto E.

25. Un viajero que va desde el punto B hasta el punto E, ¿en qué dirección viaja?

(1)   Norte.

(2)   Oeste.

(3)   Sudeste.

(4)   Sudoeste.

(5)   Noroeste.

Items 26–28 refer to the following information.

To help America recover from the Great Depression, President Franklin Delano Roosevelt's administration got Congress to enact laws that created the following programs:

Rural Electrification Administration, which provided low-cost electricity to isolated rural areas.

Civilian Conservation Corps, which provided jobs for young, single men on conservation projects for the federal government.

Works Progress Administration, which created as many jobs as possible as quickly as possible, from electrician to violinist, and paid wages with government funds.

Banking Act of 1935, which created a seven-member board of public officials to regulate the nation's money supply and interest rates on loans.

Tennessee Valley Authority, which developed natural resources of the Tennessee Valley.

26. Today's powerful Federal Reserve Board, which sets interest rates charged by the Federal Reserve Bank, is an outgrowth of which legislative initiative of the 1930s?

    (1)   The Rural Electrification Administration

    (2)   The Civilian Conservation Corps

    (3)   The Works Progress Administration

    (4)   The Banking Act of 1935

    (5)   The Tennessee Valley Authority

27. A farmer in rural Oregon was probably most interested in which of the five government initiatives?

    (1)   The Rural Electrification Administration

    (2)   The Civilian Conservation Corps

    (3)   The Works Progress Administration

    (4)   The Banking Act of 1935

    (5)   The Tennessee Valley Authority

28. The social legislation of the 1930s had a profound and lasting effect on American society. Today some people believe that this effect was not an entirely positive one. Which statement probably best describes those people's beliefs today?

    (1)   The federal government spends too much money on foreign aid.

    (2)   The federal government should take more control of public education and agencies that deal with child abuse.

    (3)   The Tennessee Valley Authority was an overly ambitious project that destroyed the natural beauty of the Tennessee Valley.

    (4)   Too many social programs of today are not as well administered as were those of the 1930s.

    (5)   Social programs have created a nation of people who depend on the government too much for the everyday things of life.

Las preguntas 26 a 28 se basan en la siguiente información.

A fin de ayudar a los Estados Unidos a recuperarse de la Gran Depresión, el gobierno del Presidente Franklin Delano Roosevelt logró que el Congreso aprobara leyes que crearon los siguientes programas:

Administración de Electrificación Rural (*Rural Electrification Administration*), que proveía electricidad a bajo costo a zonas rurales aisladas.

Cuerpo de Conservación Civil (*Civilian Conservation Corps*), que brindó trabajo a hombres jóvenes y solteros en proyectos de conservación para el gobierno federal.

Agencia para la Mejora del Trabajo (*Works Progress Administration*), que generó la mayor cantidad de puestos de trabajo lo más rápido posible, desde electricista a violinista, y pagó lo salarios con fondos del gobierno.

La Ley Bancaria de 1935 (*Banking Act*), que creó una junta de funcionarios públicos compuesta por siete miembros a fin de que regularan la oferta monetaria de la nación y las tasas de interés sobre los préstamos.

El programa de la Autoridad del Valle de Tennesse (*Tennesse Valley Authority*), que desarrolló los recursos naturales del área.

26. ¿Qué iniciativa de 1930 tuvo como consecuencia la poderosa Junta de la Reserva Federal en la actualidad, que fija las tasas de interés que cobra el Banco de la Reserva Federal?

    (1) La Administración de Electrificación Rural.
    (2) El Cuerpo de Conservación Civil.
    (3) La Agencia para la Mejora del Trabajo.
    (4) La Ley Bancaria de 1935.
    (5) La Autoridad del Valle de Tennessee.

27. ¿Cuál de las siguientes cinco iniciativas del gobierno podía interesarle más a un granjero de Oregon?

    (1) La Administración de Electrificación Rural.
    (2) El Cuerpo de Conservación Civil.
    (3) La Agencia para la Mejora del Trabajo.
    (4) La Ley Bancaria de 1935.
    (5) La Autoridad del Valle de Tennessee.

28. La legislación social de la década de 1930 tuvo un profundo y duradero impacto en la sociedad estadounidense. En la actualidad, algunos creen que este efecto no fue completamente positivo. ¿Cuál de las siguientes afirmaciones posiblemente describa mejor las creencias de esas personas hoy en día?

    (1) El gobierno federal gasta demasiado dinero en ayuda al exterior.
    (2) El gobierno federal debería controlar más a la educación pública y a los organismos que tratan el tema de maltrato de menores.
    (3) La Autoridad del Valle de Tennessee fue un proyecto demasiado ambicioso que destruyó la belleza natural del área.
    (4) Demasiados programas sociales en la actualidad no se administran tan bien como aquellos de la década de 1930.
    (5) Los programas sociales han creado una nación con personas que dependen demasiado del gobierno para los aspectos cotidianos de la vida.

29. From 1919 to 1933, Americans lived with a constitutional amendment that forbade the making, selling, or transporting of intoxicating liquors for drinking purposes. During that time, now often referred to as the Roaring 20s, a great deal of liquor was illegally manufactured, transported, sold, and consumed. Large, well-organized groups of violent criminals made huge profits on this illegal activity. Which of the following people may cite that national experience to support his or her point of view today?

- (1) Someone who favors the decriminalization of drugs
- (2) Someone who wants to increase the number of government drug inspectors at major seaports and airline terminals
- (3) Someone who works for a liquor manufacturer today
- (4) Someone who believes there is too much violence on TV
- (5) Someone who wants much higher "sin taxes" on items such as liquor and tobacco products

30. George Washington was chosen president of the Constitutional Convention in 1787 and was then overwhelmingly elected to serve as the first president of the new republic in 1789 and 1792. Washington is associated with which of the following wars?

- (1) The French and Indian War
- (2) The Revolutionary War
- (3) The War of 1812
- (4) The Civil War
- (5) The Spanish-American War

31. With which act of government is President Abraham Lincoln most closely associated?

- (1) The Monroe Doctrine
- (2) The Louisiana Purchase
- (3) The Emancipation Proclamation
- (4) The Roosevelt Corollary
- (5) The Truman Doctrine

29. De 1919 a 1933, los estadounidenses convivieron con una enmienda constitucional que prohibía la fabricación, venta o transporte de bebidas alcohólicas para fines de consumo. Durante ese tiempo, al que ahora hacen referencia como la rugiente década del '20, se fabricaba, transportaba, vendía y consumía una gran cantidad de bebidas alcohólicas ilegalmente. Grandes grupos bien organizados de delincuentes violentos obtuvieron enormes ganancias de esta actividad ilícita. ¿Cuál de las siguientes personas podría citar esta experiencia nacional para justificar su punto de vista en la actualidad?

(1)   Alguien a favor de la despenalización de las drogas.

(2)   Alguien que desee aumentar la cantidad de inspectores gubernamentales de drogas en los principales puertos y terminales aéreas.

(3)   Alguien que trabaje para una fábrica de bebidas alcohólicas en la actualidad.

(4)   Alguien que crea que hay demasiada violencia en la televisión.

(5)   Alguien que desee "impuestos del pecado" más altos para artículos como bebidas alcohólicas y tabaco.

30. George Washington fue elegido como presidente de la Convención Constitucional en 1787 y arrasó en las elecciones como primer presidente de la nueva república en 1789 y 1792. ¿Con cuál de las siguientes guerras se asocia a Washington?

(1)   La Guerra Franco-Indígena.

(2)   La Guerra de la Revolución.

(3)   La Guerra de 1812.

(4)   La Guerra Civil.

(5)   La Guerra Hispano-Americana.

31. ¿Qué acto del gobierno se asocia más estrechamente al Presidente Abraham Lincoln?

(1)   La Doctrina Monroe.

(2)   La Adquisición de Louisiana.

(3)   La Proclamación de Emancipación.

(4)   El Corolario de Roosevelt.

(5)   La Doctrina Truman.

Items 32 and 33 refer to the following passage.

The removal of Native Americans from land desired by white settlers began long before Americans crossed the Mississippi River. The Indian Removal Act of 1830 gave the U.S. government authority to relocate the native people of the South and Northwest to Indian Territory, an area set aside west of the Mississippi. There they would "cast off their savage habits and become an interesting, civilized, and Christian community," said President Jackson. During the forced migration, disease, severe weather, and hardships on the trail took their toll; thousands of Native Americans died. The Cherokee had a particularly hard time. Of about 20,000 removed from their homes, 4,000 died on the journey, which came to be known as the "Trail of Tears."

32. The Indian Removal Act was a justification of the American policy of

    (1)   Manifest Destiny.

    (2)   expansion.

    (3)   "civilizing" Native Americans.

    (4)   Native American relocation.

    (5)   settlement west of the Mississippi River.

33. The Cherokees' name for their journey, "Trail of Tears," suggests that they

    (1)   were forced to migrate against their will.

    (2)   were not as civilized as other tribes.

    (3)   planned to hurt the people responsible for their move.

    (4)   wept constantly on the trail.

    (5)   viewed the journey with bitterness and sorrow.

Las preguntas 32 y 33 se basan en el siguiente fragmento.

El desalojo de los nativos americanos de la tierra que deseaban los pobladores blancos comenzó antes de que los estadounidenses cruzaran el río Mississippi. La Ley de Desalojo de los Indios de 1830 (*Indian Removal Act*) confirió autoridad al gobierno de los Estados Unidos para trasladar a los nativos del sur y del noroeste a Territorio Indígena, un área reservada al oeste del Mississippi. Allí, podrían "abandonar sus salvajes hábitos y convertirse en una comunidad interesante, civilizada y cristiana", declaró el Presidente Jackson. Durante la migración forzada, los nativos sufrieron enfermedades, duras condiciones climáticas y penurias; miles de nativos americanos perdieron la vida. Los cheroquís atravesaron una época particularmente difícil. De las aproximadamente 20,000 personas desalojadas de sus hogares, 4,000 murieron en la travesía, que se conoció como el "Camino de las Lágrimas".

32. La Ley de Desalojo de los Indios fue una justificación de la política estadounidense sobre

   (1)   el Destino Manifiesto.
   (2)   la expansión.
   (3)   la "civilización" de los nativos americanos.
   (4)   el traslado de los nativos americanos.
   (5)   el asentamiento al oeste del río Mississippi.

33. El nombre del viaje de los cheroquís, "Camino de las Lágrimas," sugiere que

   (1)   fueron forzados a migrar en contra de su voluntad.
   (2)   no eran tan civilizados como otras tribus.
   (3)   planeaban herir a los responsables de su traslado.
   (4)   lloraban constantemente durante el viaje.
   (5)   veían al recorrido con amargura y pena.

Items 34 and 35 refer to the following passage.

The railroad changed the way Americans viewed time. Before, most people used the sun to set their clocks. Because the sun appears to move across the sky from east to west, a city a little to the east of a neighboring town marked noon a few minutes earlier. In the early days of the railroad, each city and each railroad had its own time. The main terminal in Buffalo, New York, had four clocks, one for each railroad using the train station and one on "Buffalo time." In 1883, an association of railroad managers ended the confusion with Standard Railway Time. They divided the nation into time zones, and every community within a time zone was on the same time. An Indianapolis newspaper noted, "The sun is no longer [the boss]. People—55,000,000 people—must now eat, sleep, and work, as well as travel by railroad time." In 1918, Standard Railway Time became federal law.

34. Standard Railway Time most likely had the effect of

(1) placing all cities in the same time zone.
(2) confusing the public.
(3) establishing two main time zones.
(4) improving railroad efficiency.
(5) making trains run faster.

35. The Indianapolis newspaper viewed railroad time as

(1) a great innovation.
(2) a dangerous move.
(3) an example of the power of the railroad.
(4) unnecessary.
(5) unnatural.

36. Mapmakers use parallels of latitude and meridians of longitude to determine the exact locations of places on earth. The exact location of any place is where

(1) the prime meridian crosses the equator.
(2) two meridians intersect.
(3) two parallels intersect.
(4) a particular parallel intersects a particular meridian.
(5) 60 degrees north latitude intersects 30 degrees west longitude.

El ferrocarril cambió el punto de vista de los estadounidenses sobre el tiempo. Antes, la mayoría de las personas se basaban en el sol para ajustar sus relojes. Debido a que el sol se mueve en el cielo de este a oeste, una ciudad ubicada apenas al este de una población vecina marcaba mediodía unos minutos más temprano. En los comienzos del ferrocarril, cada ciudad y cada ferrocarril tenía su propia hora. La terminal principal en Buffalo, Nueva York, tenía cuatro relojes, uno para cada ferrocarril que utilizaba la estación de tren y uno con la "hora del Buffalo". En 1883, una asociación de gerentes ferroviarios resolvió esta confusión mediante la Hora Ferroviaria Estándar. Dividieron a la nación en zonas horarias y cada comunidad dentro de una zona horaria tenía la misma hora. Un periódico de Indianápolis destacó: "El sol ya no es más [el jefe]. La población —55,000,000 personas— ahora debe comer, dormir, trabajar y viajar de acuerdo con el horario ferroviario". En 1918, la Hora Ferroviaria Estándar se convirtió en ley federal.

34. El efecto de la Hora Ferroviaria Estándar posiblemente haya sido

(1)   colocar a todas las ciudades en la misma zona horaria.

(2)   confundir al público.

(3)   establecer dos zonas horarias principales.

(4)   mejorar la eficiencia del ferrocarril.

(5)   lograr que los trenes sean más rápidos.

35. El periódico de Indianapolis consideró el horario ferroviario

(1)   una gran innovación.

(2)   un paso peligroso.

(3)   un ejemplo del poder del ferrocarril.

(4)   innecesario.

(5)   anormal.

36. Los cartógrafos utilizan paralelos de latitud y meridianos de longitud para determinar la ubicación exacta de lugares en la Tierra. La ubicación exacta de cualquier lugar se encuentra donde

(1)   el primer meridiano cruza el ecuador.

(2)   se cruzan dos meridianos.

(3)   se cruzan dos paralelos.

(4)   un paralelo determinado se cruza con un meridiano determinado.

(5)   los 60 grados de latitud norte se cruzan con los 30 grados de longitud oeste.

Items 37 and 38 refer to the following information.

Other factors besides latitude may affect the climate of a region. Ocean currents can warm or cool shorelines as they pass. Oceans and large lakes, which do not lose or gain heat as quickly as land does, may cause milder temperatures nearby. Mountains affect rainfall by forcing clouds to rise up and over them. As air rises, it cools. Since cold air cannot hold as much moisture as warm air, the clouds drop their moisture as they rise.

37. Inland areas, away from the coast, are likely to be

    (1)   colder in winter than places near a coast.
    (2)   warmer in winter than places near a coast.
    (3)   rainier than places near a coast.
    (4)   drier than places near a coast.
    (5)   similar in temperature and rainfall to places near a coast.

38. Although Valdez, a port in Alaska, lies near the Arctic Circle, it is free of ice all year long. The most likely explanation is that

    (1)   winds that blow over water are warmer than winds that blow over land.
    (2)   mountains block the cold winds.
    (3)   Valdez is warmed by an ocean current.
    (4)   the ocean does not gain or lose heat as quickly as land.
    (5)   Valdez is affected by prevailing winds.

39. For which of the following activities would knowledge of relative location be more helpful than information about longitude and latitude?

    (1)   Piloting a plane
    (2)   Driving a car
    (3)   Sailing on the ocean
    (4)   Surveying a state's borders
    (5)   Laying out a new city

Las preguntas 37 y 38 se basan en la siguiente información.

Además de la latitud, existen otros factores que pueden afectar el clima de una región. Las corrientes oceánicas pueden calentar o enfriar las costas a su paso. Los océanos y los grandes lagos, que no pierden o ganan calor tan rápido como la tierra, pueden moderar la temperatura a sus alrededores. Las montañas afectan las precipitaciones al forzar a las nubes a elevarse sobre ellas. A medida que el aire se eleva, se enfría. Debido a que el aire frío no puede retener tanta humedad como el aire caliente, las nubes liberan la humedad a medida que se elevan.

37. Las áreas que se encuentran tierra adentro, lejos de la costa, tienden a ser

    (1)   más frías en invierno que los lugares cerca de la costa.

    (2)   más cálidas en invierno que los lugares cerca de la costa.

    (3)   más lluviosas que los lugares cerca de la costa.

    (4)   más secas que los lugares cerca de la costa.

    (5)   similares en cuanto a la temperatura y las precipitaciones a los lugares cerca de la costa.

38. Aunque Valdez, un puerto en Alaska, se encuentra cerca del Círculo Polar Ártico, no tiene hielo en todo el año. La explicación más probable es que

    (1)   los vientos que soplan sobre el agua son más cálidos que los que soplan sobre la tierra.

    (2)   las montañas obstruyen los vientos fríos.

    (3)   una corriente oceánica calienta a Valdez.

    (4)   el océano no gana ni pierde calor tan rápido como la tierra.

    (5)   Valdez se ve afectada por vientos preponderantes.

39. ¿Para cuál de las siguientes actividades sería más útil el conocimiento de la ubicación relativa que la información de longitud y latitud?

    (1)   Volar un avión.

    (2)   Conducir un automóvil.

    (3)   Navegar en el océano.

    (4)   Realizar encuestas en la frontera de un estado.

    (5)   Diseñar una nueva ciudad.

Item 40 refers to the circle graph below.

WATER SUPPLY

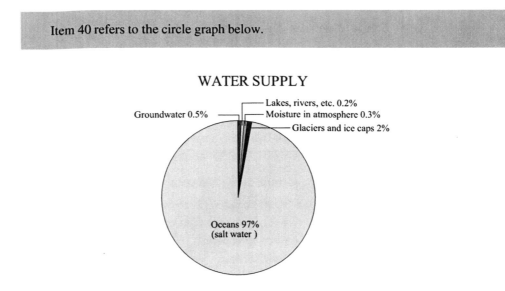

40. The graph suggests that people could increase their fresh water supply significantly if they could find an inexpensive way to

   (1)   melt the glaciers.
   (2)   reach aquifers and other sources of groundwater.
   (3)   turn salt water into fresh water.
   (4)   channel water from places that have too much water to those that have too little.
   (5)   clean polluted rivers and lakes.

41. In the United States, power is divided among several branches of government so that no one branch has too much power. This division is called

   (1)   separate-but-equal policy.
   (2)   the system of checks and balances.
   (3)   the process of amendment.
   (4)   judicial review.
   (5)   representative democracy.

SUMINISTRO DE AGUA

Agua Freática 0.5%
Lagos, ríos, etc. 0.2%
Humedad en la atmósfera 0.3%
Glaciares y capas de hielo 2%

Océanos 97%
(agua salada)

40. La gráfica sugiere que las personas podrían aumentar su suministro de agua potable significativamente si encontraran una manera económica de

(1)   derretir los glaciares.

(2)   alcanzar los acuíferos y otras fuentes de agua freática.

(3)   convertir el agua salada en agua potable.

(4)   encauzar el agua de lugares que la tienen en abundancia a aquellos que cuentan con muy poca.

(5)   limpiar los ríos y lagos contaminados.

41. En los Estados Unidos, el poder se divide entre varias ramas del gobierno de manera tal que ninguna tenga demasiado poder. Esta división se denomina

(1)   política separada pero igualitaria.

(2)   sistema de pesos y contrapesos.

(3)   proceso de enmienda.

(4)   revisión judicial.

(5)   democracia representativa.

Items 42 and 43 refer to the following information.

The Constitution provides for changing times with a process for amendment, or change. Today, the Constitution includes 26 amendments. The first ten amendments, called the Bill of Rights, are outlined below.

BILL OF RIGHTS

First Amendment: religious and political freedom

Second Amendment: the right to bear arms

Third Amendment: the right to refuse to house soldiers in peacetime

Fourth Amendment: protection against unreasonable search and seizure

Fifth Amendment: the right of accused persons to due process of the law

Sixth Amendment: the right to a speedy and public trial

Seventh Amendment: the right to a jury trial in civil cases

Eighth Amendment: protection against cruel and unusual punishment

Ninth Amendment: the rights of the people to powers that may not be spelled out in the

Constitution Tenth Amendment: the rights of the people and the states to powers not otherwise given to the federal government, states, or people

42. Which two amendments provide for changes over time in the circumstances and realities of American life?

    (1)   The First and Second Amendments
    (2)   The Fifth and Sixth Amendments
    (3)   The Third and Fourth Amendments
    (4)   The Ninth and Tenth Amendments
    (5)   The Seventh and Eighth Amendments

43. A family that was forced by the U.S. Army to provide housing and food for a group of soldiers could appeal to the courts based on which amendment to the Constitution?

    (1)   The Sixth Amendment
    (2)   The Third Amendment
    (3)   The Second Amendment
    (4)   The Ninth Amendment
    (5)   The Tenth Amendment

Las preguntas 42 y 43 se basan en la siguiente información.

La Constitución establece un proceso de enmiendas, o modificaciones, para los períodos de cambios. En la actualidad, la Constitución incluye 26 enmiendas. Las primeras diez, denominadas Declaración de Derechos, se detallan más abajo.

DECLARACIÓN DE DERECHOS

Primera Enmienda: libertad política y religiosa.

Segunda Enmienda: derecho a portar armas.

Tercera Enmienda: derecho a negarse a hospedar soldados en tiempos de paz.

Cuarta Enmienda: protección contra allanamientos y secuestros sin causa.

Quinta Enmienda: derecho de todo acusado a un debido proceso.

Sexta Enmienda: derecho a un juicio público y expedito.

Séptima Enmienda: derecho a un juicio con jurado en casos civiles.

Octava Enmienda: protección contra el castigo cruel e inusual.

Novena Enmienda: derechos de las personas a facultades no incluidos en la Constitución.

Décima Enmienda: derechos de las personas y los estados a facultades que no se hayan conferido de otra manera al gobierno federal, a los estados o a los individuos.

42. ¿Cuáles dos enmiendas contemplan cambios a través del tiempo en las circunstancias y realidades de la vida de los estadounidenses?

    (1)   La Primera y Segunda Enmienda.
    (2)   La Quinta y Sexta Enmienda.
    (3)   La Tercera y Cuarta Enmienda.
    (4)   La Novena y Décima Enmienda.
    (5)   La Séptima y Octava Enmienda.

43. ¿En qué enmienda de la Constitución podría basarse una familia para apelar ante los tribunales por haber sido obligada por el Ejército de los Estados Unidos a hospedar y alimentar a un grupo de soldados?

    (1)   La Sexta Enmienda.
    (2)   La Tercera Enmienda.
    (3)   La Segunda Enmienda.
    (4)   La Novena Enmienda.
    (5)   La Décima Enmienda.

Items 44 and 45 refer to the following passage.

When people make economic decisions, they must often give up something; for example, they give up taking a vacation in order to save for a car. The value of the thing given up is called opportunity cost. In another example, Maria is trying to decide whether to take a part-time night job that pays $200 per week or take courses for credit at the local community college. Her uncle will pay for her tuition and books if she decides to go to college. In addition, he will give her $100 per week.

44. What is Maria's opportunity cost of going to college?

    (1) $100 per week
    (2)   College credits
    (3)   The $200-per-week job
    (4)   Payment for tuition and books
    (5)   Working too slowly toward her degree

45. Why does Maria's decision involve opportunity cost?

    (1)   She doesn't want her uncle to pay her college costs.
    (2)   She wants both to work and to go to school.
    (3)   Her resources (her uncle's money) are endless, so she can choose to take classes.
    (4)   Her resources (time and money) are limited, so she must make a choice.
    (5)   She would rather go to college than work at night.

46. In recent years, mail-order catalog sales have increased substantially over previous years. What is the best explanation for this increase?

    (1)   People are too lazy to shop in stores.
    (2)   People respond favorably to lower prices in catalogs and the convenience of ordering by mail.
    (3)   People respond favorably to lower catalog prices.
    (4)   People like the convenience of ordering by mail.
    (5)   People are effectively persuaded to buy from catalogs.

Las preguntas 44 y 45 se basan en el siguiente fragmento.

Al decidir en cuestiones económicas, a menudo las personas deben renunciar a algo, por ejemplo, a tomar vacaciones para ahorrar para la compra de un auto. El valor de lo renunciado se denomina costo de oportunidad. En otro ejemplo, María está tratando de decidir entre un trabajo nocturno de medio tiempo con un sueldo de $200 semanales o un curso que le dará créditos en la universidad de la comunidad local. Su tío le pagará las clases y los libros si decide ir a la universidad. Además, le dará $100 por semana.

44. ¿Cuál es el costo de oportunidad de María si va a la universidad?

(1) $100 por semana.

(2)   Créditos para la universidad.

(3)   El trabajo de $200 semanales.

(4)   El pago de las clases y los libros.

(5)   Demorarse en obtener su título.

45. ¿Por qué la decisión de María implica un costo de oportunidad?

(1)   Ella no desea que su tío le pague los gastos de la universidad.

(2)   Ella desea trabajar e ir a la universidad.

(3)   Sus recursos (el dinero de su tío) son ilimitados, por lo tanto puede optar por tomar clases.

(4)   Sus recursos (tiempo y dinero) son limitados, por lo tanto debe tomar una decisión.

(5)   Preferiría ir a la facultad que trabajar de noche.

46. En los últimos años, los pedidos por correo de ventas por catálogo aumentaron sustancialmente en comparación con años anteriores. ¿Cuál es la mejor explicación para este incremento?

(1)   La gente es demasiado perezosa para comprar en las tiendas.

(2)   La población responde favorablemente a los precios más bajos de los catálogos y a la comodidad de comprar por correo.

(3)   La gente responde favorablemente a los precios más bajos de los catálogos.

(4)   A la gente le gusta la comodidad de comprar por correo.

(5)   La gente está convencida de comprar por catálogo.

Items 47 and 48 refer to the following graph.

NEW HOME SALES

Seasonally adjusted annual rate, thousands of units

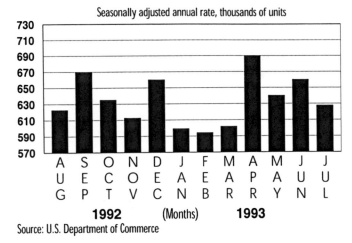

Source: U.S. Department of Commerce

47. Which is the best description of the market for new homes shown in the graph?

    (1)   The market is on a decreasing trend.

    (2)   The market is on an increasing trend.

    (3)   Compared to 1991, the market is good.

    (4)   There doesn't seem to be an overall trend in the market for the time period shown.

    (5)   Sales of between 600,000 and 700,000 houses are pretty good for the time period shown.

48. For the period April through July 1993, the home sales trend is

    (1)   flat.

    (2)   increasing.

    (3)   neither increasing nor decreasing.

    (4)   decreasing.

    (5)   lower than it should be

Las preguntas 47 y 48 se basan en la siguiente gráfica.

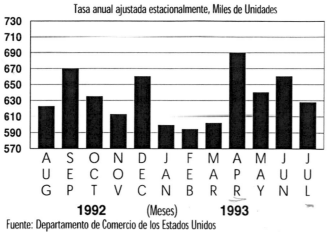

VENTA DE NUEVAS VIVIENDAS
Tasa anual ajustada estacionalmente, Miles de Unidades

1992   (Meses)   1993
Fuente: Departamento de Comercio de los Estados Unidos

47. ¿Cuál es la mejor descripción del mercado de nuevas viviendas que se indica en la gráfica?

(1)   El mercado muestra una tendencia decreciente.

(2)   El mercado muestra una tendencia creciente.

(3)   En comparación con el año 1991, el mercado está bien.

(4)   No parece haber una tendencia global en el mercado para el período de tiempo indicado.

(5)   Las ventas de entre 600,000 y 700,000 viviendas son bastante buenas para el período indicado.

48. Para el período de abril a julio de 1993, la tendencia de venta de viviendas es

(1)   plana.

(2)   creciente.

(3)   ni creciente ni decreciente.

(4)   decreciente.

(5)   más baja de lo que debería.

Items 49–50 refer to the following illustration:

Purchasing Power of the Dollar

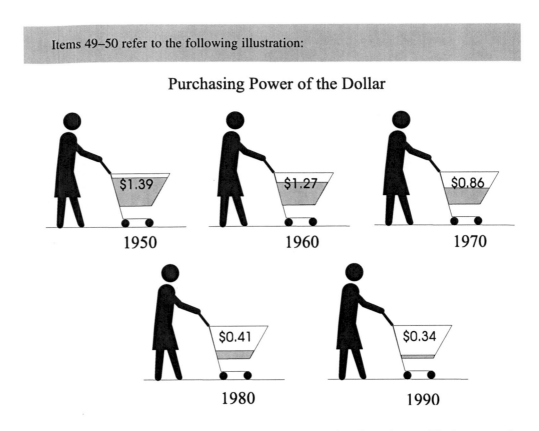

49. This illustration tells the story of the value of money in selected years. The base year, in which the dollar could buy a dollar's worth of goods, must be

    (1)   2001
    (2)   1976
    (3)   1967
    (4)   1983
    (5)   1900

50. As the buying power of the dollar decreases, which economic condition becomes more likely?

    (1)   Recession
    (2)   Depression
    (3)   Inflation
    (4)   Deflation
    (5)   Deficit

Las preguntas 49 a 50 se basan en la siguiente ilustración:

Poder Adquisitivo del Dólar

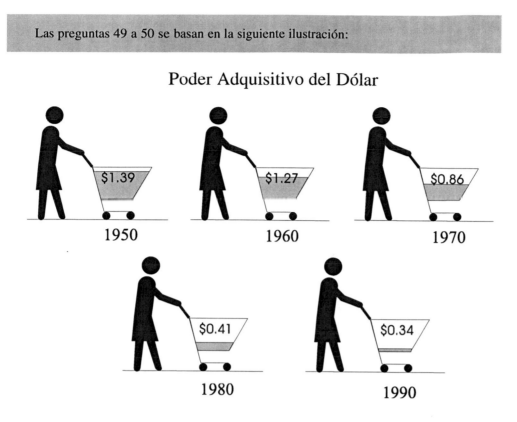

49. La siguiente ilustración muestra la historia del valor del dinero en años determinados. El año base, en el que el dólar podía comprar mercaderías por valor de un dólar, debe ser

    (1)   2001.
    (2)   1976.
    (3)   1967.
    (4)   1983.
    (5)   1900.

50. A medida que el valor adquisitivo del dólar baja, ¿qué condición económica es más probable?

    (1)   Recesión.
    (2)   Depresión.
    (3)   Inflación.
    (4)   Deflación.
    (5)   Déficit.

ANSWERS AND EXPLANATIONS

1. **The correct answer is (1). (Comprehension)** The Tillamook group lived in the Northwest, where the tribes fished for salmon.

2. **The correct answer is (4). (Comprehension)** The passage shows that the native peoples in both areas of the country relied on locally available game and plants (such as fish and berries) for food and on geographic characteristics, such as forests, for their other needs.

3. **The correct answer is (3). (Analysis)** Store owners hope that your hunger will cause you to buy more food.

4. **The correct answer is (4). (Analysis)** The system of checks and balances, which prevents one group from gaining too much power, might not operate as well in Nebraska's one-house legislature as it does in two-house legislatures. There is no evidence that bills pass too quickly in Nebraska as suggested in choice (1). Government efficiency, choice (5), might be improved with only one house, and voters might welcome fewer choices, choice (2). In a state with a small population, fewer candidates, choice (3), would be an advantage.

5. **The correct answer is (1). (Analysis)** The consequence of placing all power in the hands of one person or branch would be a concentration of power leading to dictatorship or tyranny.

6. **The correct answer is (2). (Application)** The outline of government described in the Federalist Papers was carried out in the provisions of the Constitution.

7. **The correct answer is (2). (Application)** The Articles of Confederation provided a framework of government, as does the Constitution which followed.

8. **The correct answer is (1). (Analysis)** The term Anti-Federalists describes those who were opposed to the Constitution. The only way some of these leaders would support the Constitution is through the inclusion of a Bill of Rights to guarantee limited government.

9. **The correct answer is (5). (Application)** As the map shows, the later times are in the east, and the time difference is three hours from east coast to west coast.

10. **The correct answer is (4). (Application)** A time zone covers all of one north-to-south area (a vertical strip on the map). Seattle and San Francisco both lie on the Pacific Ocean and therefore are in the same time zone.

11. **The correct answer is (3). (Comprehension)** According to the circle graph, the clergy costs $113 and the groom's clothing costs $77, which are both less than $192, the cost of the limousine.

12. **The correct answer is (2). (Application)** Since the reception is by far the greatest single expense, the greatest saving probably could be made there.

13. **The correct answer is (5). (Analysis)** If the wedding cost about $10,000 and the cost of the reception was just under $6,000, then a little more than half, or about 60 percent, of the total cost was for the reception.

14. **The correct answer is (4). (Evaluation)** We can eliminate choices (1) and (2) based on their birthplace, and choice (3) is a Westerner but not the first.

15. **The correct answer is (2). (Comprehension)** The prefix "pre" indicates "coming before."

16. **The correct answer is (2). (Analysis)** The passage indicates that the causes of separation will be discussed.

RESPUESTAS Y EXPLICACIONES

1. **La respuesta correcta es la (1). (Comprensión)** El grupo Tillamook vivía en el noroeste, donde las tribus pescaban salmón.

2. **La respuesta correcta es la (4). (Comprensión)** El fragmento muestra que los nativos en ambas áreas del país confiaban en la vegetación y caza locales disponibles (como el pescado y las bayas) para su alimentación y en las características geográficas, como bosques, para sus otras necesidades.

3. **La respuesta correcta es la (3). (Análisis)** Los propietarios de las tiendas esperan que el apetito de la clientela le provoque comprar más alimentos.

4. **La respuesta correcta es la (4). (Análisis)** El sistema de pesos y contrapesos, que evita que un grupo gane demasiado poder, podría no funcionar tan bien en la legislatura unicameral de Nebraska como en las legislaturas bicamerales. No hay evidencia de que los proyectos de ley se aprueben rápidamente en Nebraska como lo sugiere la opción (1). La eficacia gubernamental, opción (5), se podría mejorar con sólo una cámara, y los votantes podrían recibir de buen agrado menos opciones, opción (2). En un estado con una población pequeña, el hecho de contar con menos candidatos, opción (3), sería una ventaja.

5. **La respuesta correcta es la (1). (Análisis)** La consecuencia de centralizar todo el poder en manos de una persona o rama llevaría a una concentración que podría desembocar en una dictadura o tiranía.

6. **La respuesta correcta es la (2). (Aplicación)** El perfil de gobierno que se describe en los Documentos Federalistas se llevó a cabo en las disposiciones de la Constitución.

7. **La respuesta correcta es la (2). (Aplicación)** Los Artículos de la Confederación establecieron un marco de gobierno, como la Constitución a continuación.

8. **La respuesta correcta es la (1). (Análisis)** El término anti-federalistas describe a aquéllos que se oponían a la Constitución. La única manera de que algunos de estos líderes apoyaran a la Constitución era mediante la inclusión de una Declaración de Derechos para garantizar un gobierno limitado.

9. **La respuesta correcta es la (5). (Aplicación)** Como se ve en el mapa, los horarios más tardíos se encuentran en el este, y la diferencia horaria es de tres horas desde la costa este a la costa oeste.

10. **La respuesta correcta es la (4). (Aplicación)** Una zona horaria cubre toda un área de norte a sur (una franja vertical en el mapa). Seattle y San Francisco se encuentran ambas sobre el Océano Pacífico y por lo tanto, en la misma zona horaria.

11. **La respuesta correcta es la (3). (Comprensión)** De acuerdo con la gráfica circular, el clero cuesta $113 y la ropa del novio, $77, ambos menos de $192, el costo de la limusina.

12. **La respuesta correcta es la (2). (Aplicación)** Debido a que la recepción es sin dudas el gasto más significativo, el mayor ahorro probablemente se podría realizar allí.

13. **La respuesta correcta es la (5). (Análisis)** Si la boda costó alrededor de $10,000 y el costo de la recepción fue apenas inferior a $6,000, un poco más de la mitad -o aproximadamente el 60 por ciento- del importe total fue para la recepción.

14. **La respuesta correcta es la (4). (Evaluación)** Podemos eliminar las opciones (1) y (2) basándonos en el lugar de nacimiento y la opción (3) es occidental pero no el primero.

15. **La respuesta correcta es la (2). (Comprensión)** El prefijo "pre" indica "anterioridad".

16. **La respuesta correcta es la (2). (Análisis)** El fragmento indica que se debatirán las causas de separación.

17. **The correct answer is (2). (Evaluation)** A growing belief in the essential equality of all people is the core factor that has led to an extension of voting rights.

18. **The correct answer is (3). (Application)** Martin Luther King Jr. was the great leader of the 1960s American civil rights movement. Choices (1), (4), and (5) are African American leaders of the early 1900s, and choice (2) is a leader of today.

19. **The correct answer is (4). (Application)** The sentence is probably the most famous utterance of John F. Kennedy throughout his entire presidency. A clue to the correct answer is the part of the question that tells in what year the statement was made.

20. **The correct answer is (2). (Comprehension)** A synonym for the rebuilding era is Reconstruction.

21. **The correct answer is (3). (Analysis)** The cartoon illustrates the Klan and white reactionary groups causing terror among the freed blacks.

22. **The correct answer is (3). (Application)** The struggle for equality would take more than 100 years after Reconstruction.

23. **The correct answer is (2). (Comprehension)** Point B is at about 80 degrees north latitude and 60 degrees west longitude.

24. **The correct answer is (3). (Application)** Places near the equator generally have warmer climates than places near either the North Pole or South Pole.

25. **The correct answer is (3). (Application)** A traveler would move in a south-easterly direction when going from point B to point E.

26. **The correct answer is (4). (Analysis)** The 1935 Banking Act created a group to regulate the money supply and interest rates, very much as the Federal Reserve Board does today.

27. **The correct answer is (1). (Analysis)** The nationwide spread of cheap electricity to rural areas probably would have held the most interest for an Oregon farmer, so choice. (1) is correct. Choice (2) might have been involved in conservation projects nearby, but there is nothing to indicate an even national spread. Choices (3) and (4) would have had no more effect on a rural farmer than on any other person in the nation, and choice. (5) was for a specific geographic region of which Oregon was not a part.

28. **The correct answer is (5). (Evaluation)** Since the programs of the 1930s created many jobs with the government and brought new services to citizens, the dependence on the government grew. Many efforts of government since the 1930s have also meant a larger role in peoples' lives for official agencies. Some people believe this growing role has led to a dependence that is not a positive factor of American life today.

29. **The correct answer is (1). (Evaluation)** The similarity of crime today because of illegal drug sales to the crime caused in the 1920s by illegal liquor sales could be cited as a possible reason to change drug laws by someone who favors such a decriminalization.

30. **The correct answer is (2). (Application)** George Washington was a general and commander-in-chief of the colonial armies in the American Revolution. The dates of his presidency are clues you can use to arrive at the correct answer (the Revolution was fought between 1775–1783). The French and Indian War was earlier in the 18th century (1754–1763), while the remaining three wars were fought in the nineteenth century.

17. **La respuesta correcta es la (2). (Evaluación)** Una creencia cada vez mayor en la igualdad esencial de todas las personas es el factor central que condujo a extender los derechos de voto.

18. **La respuesta correcta es la (3). (Aplicación)** Martin Luther King (h) fue el gran líder del movimiento estadounidense por los derechos civiles de la década de 1960. Las opciones (1), (4) y (5) son líderes afroamericanos de principios del siglo XX y la opción (2) es un líder de la actualidad.

19. **La respuesta correcta es la (4). (Aplicación)** Esta oración probablemente sea la más famosa de John F. Kennedy durante toda su presidencia. Una pista para la respuesta correcta es la parte de la pregunta que indica en qué año se realizó la afirmación.

20. **La respuesta correcta es la (2). (Comprensión)** Un sinónimo para la era de reparación es reconstrucción.

21. **La respuesta correcta es la (3). (Análisis)** La imagen ilustra al Klan y a los grupos reaccionarios de blancos que causan terror entre los negros liberados.

22. **La respuesta correcta es la (3). (Aplicación)** La lucha por la igualdad tomaría más de 100 años después de la Reconstrucción.

23. **La respuesta correcta es la (2). (Comprensión)** El punto B se encuentra aproximadamente a 80 grados de latitud norte y 60 grados de longitud oeste.

24. **La respuesta correcta es la (3). (Aplicación)** Los lugares cercanos al ecuador generalmente presentan climas más cálidos que aquellos próximos al Polo Norte o Polo Sur.

25. **La respuesta correcta es la (3). (Aplicación)** Un viajero se movería en dirección sudeste al ir del punto B al punto E.

26. **La respuesta correcta es la (4). (Análisis)** La Ley Bancaria de 1935 creó un grupo para regular la oferta monetaria y las tasas de interés, al igual que como lo hace la Junta de la Reserva Federal en la actualidad.

27. **La respuesta correcta es la (1). (Análisis)** La difusión nacional de electricidad de bajo costo para las áreas rurales probablemente habría sido más interesante para un granjero de Oregon, por lo tanto, la opción (1) es correcta. La opción (2) podría haber estado involucrada en proyectos de conservación cercanos, pero nada indica una difusión nacional pareja. Las opciones (3) y (4) no habrían producido impactado más a un granjero rural que a cualquier otra persona de la nación, y la opción (5) era para una región geográfica específica de la que Oregon no era parte.

28. **La respuesta correcta es la (5). (Evaluación)** Debido a que los programas de la década de 1930 crearon muchos puestos de trabajo públicos y brindaron nuevos servicios a los ciudadanos, se incrementó la dependencia del gobierno. Muchas iniciativas gubernamentales desde la década de 1930 también implicaron un rol más importante en la vida de las personas para las agencias oficiales. Algunas personas creen que este rol creciente ha llevado a una dependencia que no constituye un factor positivo de la vida estadounidense hoy en día.

29. **La respuesta correcta es la (1). (Evaluación)** Una persona a favor de la despenalización podría citar como razón posible para cambiar las leyes sobre drogas la similitud de los delitos por la venta ilegal de drogas en la actualidad con los delitos cometidos en la década de 1920 por la venta ilegal de bebidas alcohólicas.

30. **La respuesta correcta es la (2). (Aplicación)** George Washington fue un general y comandante en jefe de los ejércitos coloniales en la Revolución de los Estados Unidos. Las fechas de su presidencia son claves que puede utilizar para elegir la respuesta correcta (la Revolución ocurrió entre 1775-1783). La Guerra Franco-Indígena sucedió anteriormente en el siglo XVIII (1754–1763), mientras que las tres guerras restantes ocurrieron en el siglo diecinueve.

31. **The correct answer is (3). (Application)** Abraham Lincoln issued the Emancipation Proclamation in 1865. Choices (1), (4), and (5) all include the names of other presidents, which should tell you that these choices are incorrect, even if the specific action or stance is not well known. The Louisiana Purchase, choice (2), made by President Thomas Jefferson in 1803, more than doubled the size of the United States at that time.

32. **The correct answer is (2). (Analysis)** The information in Lesson 2 and in the passage indicates that white settlers wanted more land. This passage shows that the U.S. government pursued a policy of helping the settlers take the land from the native people. Manifest Destiny, choice (1), was a feeling, not a policy. The government was interested in land, not Native American civilization, choice (3), and Native American relocation, choice (4), was an effect of the policy of expansion. Settlement west of the Mississippi, choice (5), was not an issue in 1830.

33. **The correct answer is (5). (Comprehension)** The Cherokees viewed their forced migration, choice (1), with great bitterness. There is no evidence in the passage that they actually wept, choice (4), or planned to hurt people, choice (3). Their level of civilization, choice (2), was not related to their hardships.

34. **The correct answer is (4). (Analysis)** The passage strongly implies that different times caused confusion and standard time lessened the confusion. The fact that the entire country adopted Standard Railway Time indicates that the new standard time had improved efficiency.

35. **The correct answer is (3). (Comprehension)** The writer complained that railroad time controlled fifty-five million people—an example of the railroad's power.

36. **The correct answer is (4). (Comprehension)** The grid system of intersecting parallels and meridians allows the identification of specific locations. Choices (1) and (5) each identify a specific place. Choices (2) and (3) are not possible.

37. **The correct answer is (1). (Application)** The passage refers to the effect of large bodies of water on temperature. It suggests that such bodies of water have a moderating effect on temperatures. Therefore, places inland are likely to be colder in winter and warmer in summer than places near a coast.

38. **The correct answer is (3). (Analysis)** As a port, Valdez lies along an ocean, so choice. (2) is incorrect. Choices (1) and (4) are incorrect because they explain only why Valdez might have more moderate temperatures than places inland. They do not explain why those temperatures are above freezing. Choice (5) is incorrect because prevailing winds can bring warm or cold temperatures to a place.

39. **The correct answer is (2). (Analysis)** Drivers rely on landmarks to find their way. The other activities require a knowledge of absolute location.

40. **The correct answer is (3). (Evaluation)** The graph shows that most of the world's water is salt water.

41. **The correct answer is (2). (Comprehension)** Any one branch of government is prevented from growing too powerful by the system of checks and balances.

42. **The correct answer is (4). (Analysis)** The Ninth and Tenth Amendments give powers not otherwise described to the people and to the states.

43. **The correct answer is (2). (Application)** The Third Amendment protects citizens from having to house and feed troops during peacetime.

44. **The correct answer is (3). (Application)** By choosing to attend college, Maria gives up the opportunity of earning $200 per week.

31. **La respuesta correcta es la (3). (Aplicación)** Abraham Lincoln emitió la Proclamación de Emancipación en 1865. Las opciones (1), (4) y (5) incluyen los nombres de otros presidentes, lo que debería sugerirle que son incorrectas, incluso si la acción o postura específica no resulta conocida. La Adquisición de Louisiana, opción (2), realizada por el Presidente Thomas Jefferson en 1803, superó el doble del tamaño de los Estados Unidos en ese momento.

32. **La respuesta correcta es la (2). (Análisis)** La información de la Lección 2 y del fragmento indica que los pobladores blancos deseaban más territorio. El fragmento indica que el gobierno de los Estados Unidos buscaba una política que ayudara a los colonizadores a tomar la tierra de los nativos. El Destino Manifiesto, opción (1), fue un sentimiento, no una política. El gobierno estaba interesado en la tierra, no en la civilización de los nativos americanos, opción (3), y el traslado de los indígenas, opción (4), fue el resultado de la política de expansión. El asentamiento al oeste del Mississippi, opción (5), no fue un tema en 1830.

33. **La respuesta correcta es la (5). (Comprensión)** Los indios cheroquí vivieron su migración forzada, opción (1), con gran amargura. No hay pruebas en el fragmento de que realmente hayan llorado, opción (4), o planeado herir a otros, opción (3). Su nivel de civilización, opción (2), no tenía relación con sus penurias.

34. **La respuesta correcta es la (4). (Análisis)** El fragmento indica claramente que los distintos horarios causaron confusión y que el horario estándard ayudó a resolverla. El hecho de que todo el país adoptara la Hora Ferroviaria Estándard indica que ésta había mejorado la eficiencia.

35. **La respuesta correcta es la (3). (Comprensión)** El escritor se queja de que el horario ferroviario controlaba a cincuenta y cinco millones de personas, un ejemplo del poder del ferrocarril.

36. **La respuesta correcta es la (4). (Comprensión)** El sistema de cuadrícula que cruza paralelos y meridianos permite la identificación de ubicaciones específicas. Las opciones (1) y (5) identifican un lugar determinado. Las opciones (2) y (3) no son posibles.

37. **La respuesta correcta es la (1). (Aplicación)** El fragmento se refiere al efecto de grandes masas de agua sobre la temperatura. Sugiere que dichas masas de agua tienen un efecto moderador sobre las temperaturas. Por lo tanto, los lugares tierra adentro probablemente sean más fríos en invierno y más cálidos en verano que los emplazamientos cercanos a la costa.

38. **La respuesta correcta es la (3). (Análisis)** Como puerto, Valdez se encuentra a lo largo de un océano, por lo tanto la opción (2) es correcta. Las opciones (1) y (4) son incorrectas porque explican solamente la causa por la que Valdez podría tener temperaturas más moderadas que los lugares tierra adentro. No explican por qué esas temperaturas se encuentran por encima del punto de congelación. La opción (5) es incorrecta porque los vientos preponderantes pueden traer temperaturas cálidas o frías a un lugar.

39. **La respuesta correcta es la (2). (Análisis)** Los conductores confían en los puntos de referencia para encontrar su camino. Las otras actividades requieren del conocimiento de la ubicación absoluta.

40. **La respuesta correcta es la (3). (Evaluación)** La gráfica muestra que la mayor parte del agua del mundo es agua salada.

41. **La respuesta correcta es la (2). (Comprensión)** El sistema de pesos y contrapesos evita que una rama del gobierno se vuelva demasiado poderosa.

42. **La respuesta correcta es la (4). (Análisis)** La Novena y Décima Enmienda confieren facultades no enumeradas a las personas y a los estados.

43. **La respuesta correcta es la (2). (Aplicación)** La Tercera Enmienda protege a los ciudadanos de tener que hospedar y alimentar tropas en tiempos de paz.

44. **La respuesta correcta es la (3). (Aplicación)** Al elegir ir a la universidad, María renuncia a la oportunidad de ganar $200 semanales.

45. **The correct answer is (4). (Analysis)** Maria's decision involves a choice between the part-time job and college classes. Because she can't be in two places at once or pay her college costs, choosing one means giving up the other.

46. **The correct answer is (2). (Analysis)** While people may like lower prices, choice (3), and convenience, choice (4), a combination of these reasons is a better explanation.

47. **The correct answer is (4). (Analysis)** Home sales are up one month and down the next, meaning that there is no discernible trend in this market.

48. **The correct answer is (4). (Analysis)** With the exception of the month of June 1993, there is a decreasing trend over the four-month period.

49. **The correct answer is (3). (Evaluation)** Although 1967 does not appear in the actual illustration, it is the base year which is used for comparison with the others.

50. **The correct answer is (3). (Comprehension)** The shrinking buying power of the dollar is the definition of inflation.

45. **La respuesta correcta es la (4). (Análisis)** La decisión de María involucra una elección entre un trabajo de medio tiempo y las clases de la universidad. Ya que no puede estar en dos lugares al mismo tiempo o pagar los gastos de la universidad, elegir una opción implica renunciar a la otra.

46. **La respuesta correcta es la (2). (Análisis)** Si bien al público pueden agradarle los precios más bajos, opción (3), y la comodidad, opción (4), la combinación de ambas razones es una mejor justificación.

47. **La respuesta correcta es la (4). (Análisis)** Las ventas de viviendas son altas un mes y bajas el siguiente, lo que significa que no existe una tendencia distinguible en este mercado.

48. **La respuesta correcta es la (1). (Análisis)** A excepción del mes de junio de 1993, se evidencia una tendencia decreciente en el cuatrimestre.

49. **La respuesta correcta es la (3). (Evaluación)** Aunque 1967 no aparece en la ilustración real, es el año base que se utiliza para la comparación con los otros años.

50. **La respuesta correcta es la (3). (Comprensión)** El poder adquisitivo decreciente del dólar es la definición de inflación.

Practice Test

75 Minutes 50 Questions

Directions: The Social Studies test consists of multiple-choice questions intended to measure general social studies concepts. The questions are based on short readings that often include a graph, chart, or figure. Study the information given and then answer the question(s) following it. Refer to the information as often as necessary in answering the questions.

You should spend no more than 75 minutes answering the questions. Work carefully, but do not spend too much time on any one question. Be sure you answer every question. You will not be penalized for incorrect answers.

Do not mark in this test booklet. Record your answers on the separate answer sheet provided. Be sure all requested information is properly recorded on the answer sheet. To record your answers, mark the numbered space on the answer sheet beside the number that corresponds to the question in the test.

Do not rest the point of your pencil on the answer sheet while you are considering your answer. Make no stray or unnecessary marks. If you change an answer, erase your first mark completely. Mark only one answer space for each question; multiple answers will be scored as incorrect. Do not fold or crease your answer sheet.

FOR EXAMPLE
Early colonists of North America looked for settlement sites that had adequate water supplies and were accessible by ship. For this reason, many early towns were built near

- (1) mountains.
- (2) prairies.
- (3) rivers.
- (4) glaciers.
- (5) plateaus.

①②●④⑤

The correct answer is "rivers"; therefore, choice (3) would be marked on the answer sheet.

Examen de Práctica

75 Minutos 50 Preguntas

Instrucciones: El examen de Ciencias Sociales está compuesto por preguntas de opción múltiple cuyo objetivo es evaluar conceptos generales de ciencias sociales. Las preguntas se basan en lecturas cortas que a menudo incluyen un gráfico, cuadro o figura. Estudie la información brindada y luego responda la(s) pregunta(s) a continuación. Recurra a la información tantas veces como sea necesario para responder las preguntas.

No debería tomarse más de 75 minutos para hacerlo. Analice las opciones con cuidado, pero no se detenga demasiado tiempo en una misma pregunta. Asegúrese de responder todas las preguntas. No se lo sancionará por las respuestas incorrectas.

No escriba en este cuadernillo de examen. Anote sus respuestas en la hoja de respuestas provista por separado. Asegúrese de incluir correctamente toda la información solicitada en la hoja de respuestas. Para registrar sus respuestas, marque el espacio numerado en la hoja junto al número correspondiente a la pregunta del examen.

No apoye la punta de su lápiz en la hoja de respuestas mientras piensa. No realice marcas innecesarias. Si cambia su respuesta, borre completamente su primera marca. Marque sólo un casillero de respuesta para cada pregunta; las respuestas múltiples se considerarán incorrectas. No pliegue ni arrugue su hoja de respuestas.

POR EJEMPLO
Los primeros colonizadores de Norteamérica buscaron establecerse en emplazamientos que contaran con un buen suministro de agua y a los que se pudiera acceder por barco. Por esta razón, muchas de las primeras ciudades se construyeron cerca de

    (1)   montañas.
    (2)   praderas.
    (3)   ríos.
    (4)   glaciares.
    (5)   mesetas.

①②●④⑤

La respuesta correcta es "ríos"; por lo tanto, debería marcar la opción (3) en la hoja de respuestas.

Directions: Choose the one best answer for each item.

Items 1–4 refer to the following table.

IMPORTANT JOB FACTORS

Job Factor	Percentage Who Rated It "Very Important"
Open communication in company	65%
Effect of job on personal/family life	60%
Supervisor's management style	58%
Job security	54%
Job location	50%
Family-supportive policies	46%
Fringe benefits	43%
Salary/wages	35%
Management/promotion opportunities	26%
Size of company	18%

1. According to the table, which aspect of their jobs do workers consider most important?
   - (1) Job security
   - (2) Fringe benefits
   - (3) Open communication
   - (4) Management opportunity
   - (5) Salary/wages

2. According to the table, which job factor is least important to employees?
   - (1) Family-supportive policies
   - (2) The supervisor's style of management
   - (3) The size of the company
   - (4) The effect on personal/family life
   - (5) Fringe benefits, such as health insurance

3. Which of the following combinations might be most likely to make employees unhappy enough to consider leaving their jobs?
   - (1) Few management opportunities and few fringe benefits
   - (2) An uncommunicative supervisor and a company atmosphere of secrecy
   - (3) A small number of total employees and an out-of-the-way office location
   - (4) Policies that are not family supportive and few fringe benefits
   - (5) Lack of management opportunities and a large number of staff members

4. If you are the owner of a small business and you are trying to hire a potentially valuable employee away from a large multinational competitor, what should you stress in interviews?
   - (1) That you expect the size of your business to grow rapidly
   - (2) That the lines of communication will always be open between the two of you, both formally and informally
   - (3) That the prospective employee will never be fired or terminated
   - (4) That you cannot offer many fringe benefits now, but you have great plans for such things in the future
   - (5) That you plan to move the business to a newer building

Instrucciones: Seleccione la mejor respuesta para cada pregunta.

Las preguntas 1 a 4 se basan en la siguiente tabla.

FACTORES LABORALES DE IMPORTANCIA

Factores de Trabajo	Porcentaje de personas que lo evaluó como "Muy Importante"
Comunicación abierta en la empresa	65%
Impacto del trabajo en la vida personal/familiar	60%
Estilo de gestión del supervisor	58%
Seguridad laboral	54%
Ubicación del trabajo	50%
Políticas de apoyo a la familia	46%
Beneficios adicionales	43%
Salario/sueldo	35%
Oportunidades de desarrollo/gerenciales	26%
Tamaño de la empresa	18%

1. Según la tabla, ¿qué aspecto de su trabajo consideran más importante los trabajadores?

    (1)   La seguridad del trabajo.
    (2)   Los beneficios adicionales.
    (3)   La comunicación abierta.
    (4)   Las oportunidades gerenciales.
    (5)   El sueldo/salario.

2. Según la tabla, ¿qué factor de trabajo es el menos importante para los empleados?

    (1)   Políticas de apoyo a la familia.
    (2)   El estilo de gestión del supervisor.
    (3)   El tamaño de la empresa.
    (4)   El efecto en la vida personal/familiar.
    (5)   Beneficios adicionales, como el seguro médico.

3. ¿Cuál de las siguientes combinaciones tiene más chances de causar que los empleados se muestren disconformes y consideren la posibilidad de dejar el trabajo?

    (1)   Pocas oportunidades gerenciales y pocos beneficios adicionales.
    (2)   Un supervisor muy poco comunicativo y un ambiente de trabajo cerrado y reservado.
    (3)   Pocos empleados y una ubicación alejada.
    (4)   Políticas que no apoyen a la familia y pocos beneficios adicionales.
    (5)   Ausencia de oportunidades gerenciales y una gran cantidad de empleados.

4. Si usted fuera el dueño de una pequeña empresa y quisiera contratar un empleado de un importante competidor multinacional que muestra gran potencial, ¿qué debería destacar en las entrevistas?

    (1)   Que espera que su empresa crezca rápidamente.
    (2)   Que las vías de comunicación siempre se encontrarán abiertas entre ustedes dos, tanto formal como informalmente.
    (3)   Que el futuro empleado nunca será despedido.
    (4)   Que no puede ofrecer muchos beneficios adicionales ahora pero que tiene grandes planes para el futuro.
    (5)   Que piensa mudar la empresa a un edificio más nuevo.

Items 5 and 6 refer to the following cartoon.

5. Which choice best summarizes the cartoonist's point?

   (1)   Poverty, drugs, and ignorance are root causes of gangs.

   (2)   Gangs are the root cause of poverty, drugs, and ignorance.

   (3)   Experts agree that poverty, drugs, and gangs are the major causes of ignorance.

   (4)   Drugs are the major cause of gang violence.

   (5)   Few people believe that poverty, drugs, and ignorance are root causes of gangs.

6. With which point of view would the cartoonist most clearly agree?

   (1)   The only way to end gang violence is to eliminate poverty.

   (2)   Gang violence can be ended only by implementing a law that puts repeat offenders in jail permanently.

   (3)   Drugs are the major cause of gangs.

   (4)   Only by eliminating poverty, drugs, and ignorance will we be able to end gangs and their violence.

   (5)   The government has spent too much money trying to eliminate poverty and drugs.

Las preguntas 5 y 6 se basan en la siguiente ilustración.

5. ¿Qué opción resume mejor el punto de vista del dibujante?

(1)   La pobreza, las drogas y la ignorancia son las causas fundamentales de las pandillas.

(2)   Las pandillas son la causa fundamental de la pobreza, las drogas y la ignorancia.

(3)   Los expertos están de acuerdo en que la pobreza, las drogas y las pandillas son la causa principal de la ignorancia.

(4)   Las drogas son la causa principal de la violencia de las pandillas.

(5)   Pocas personas creen que la pobreza, las drogas y la ignorancia sean las causas fundamentales de las pandillas.

6. ¿Con cuál punto de vista concordaría más el dibujante?

(1)   La única manera de acabar con la violencia de las pandillas es eliminar la pobreza.

(2)   La violencia de las pandillas se puede eliminar sólo por medio de la implementación de una ley que encarcele en forma permanente a los infractores reincidentes.

(3)   Las drogas son la causa principal de las pandillas.

(4)   Sólo mediante la eliminación de la pobreza, las drogas y la ignorancia, se podrá erradicar la violencia pandillera.

(5)   El gobierno ha gastado demasiado dinero para erradicar la pobreza y las drogas.

7. Who would most immediately feel an adverse effect of inflation?

    (1)   An investor in enterprises involving real estate
    (2)   A retired individual living on an insurance annuity
    (3)   An individual who has most of his capital invested in common stock
    (4)   A union member who has an escalator clause in his contract
    (5)   A government worker about to negotiatea new contract

8. Which of the following did not happen in the aftermath of the 1990–1991 Gulf War?

    (1)   The Iraqi leader was removed from power.
    (2)   Economic sanctions were imposed on Iraq.
    (3)   Two no-fly zones were established inside of Iraq.
    (4)   The United States periodically bombed targets inside Iraq.
    (5)   The United States and Iraq continued to have strained diplomatic relations.

9. The War Powers Act of 1973 states that

    (1)   the president has the power to send combat troops overseas without consulting Congress.
    (2)   the president can unilaterally declare war through executive order.
    (3)   Congress can require a president to bring combat troops home after sixty days.
    (4)   Congress can prevent a president from sending combat troops overseas through a two-thirds vote of each house.
    (5)   Congress may not declare war under any circumstances.

10. After World War II, all of the following nations were divided between Communist and non-Communist spheres of influence EXCEPT

    (1)   Korea.
    (2)   Germany.
    (3)   Japan.
    (4)   Vietnam.
    (5)   China.

7. ¿Cuál de las siguientes personas sentiría en forma más directa un efecto adverso de la inflación?

    (1)   Un inversor del negocio de bienes raíces.

    (2)   Una persona jubilada que vive de un seguro de renta.

    (3)   Una persona cuyo capital se encuentra mayormente invertido en acciones ordinarias.

    (4)   Un miembro de un sindicato cuyo contrato incluye una claúsula de ajuste.

    (5)   Un trabajador del gobierno a punto de negociar un nuevo contrato.

8. ¿Cuál de las siguientes situaciones no fue una consecuencia de la Guerra del Golfo de 1990-1991?

    (1)   Se removió al líder iraquí del poder.

    (2)   Se impusieron sanciones económicas a Irak.

    (3)   Se establecieron dos zonas de exclusión aérea dentro de Irak.

    (4)   Estados Unidos bombardeó periódicamente puntos estratégicos dentro de Irak.

    (5)   Estados Unidos e Irak continuaron con relaciones diplomáticas tensas.

9. La Ley de Poderes de Guerra (War Powers Act) de 1973 establece que

    (1)   el presidente tiene la facultad de enviar tropas de combate al extranjero sin consultar al Congreso.

    (2)   el presidente puede declarar la guerra uniteralmente a través de un decreto ejecutivo.

    (3)   el Congreso puede solicitar al presidente que regrese las tropas a su país después de sesenta días.

    (4)   El Congreso puede impedir que el presidente envíe tropas de combate al exterior mediante el voto de dos tercios de cada cámara.

    (5)   el Congreso no puede declarar la guerra en ninguna circunstancia.

10. Después de la Segunda Guerra Mundial, todas las naciones a continuación se dividieron en esferas de influencia comunista y no comunista EXCEPTO

    (1)   Corea.

    (2)   Alemania.

    (3)   Japón.

    (4)   Vietnam.

    (5)   China.

Items 11–13 refer to the following map.

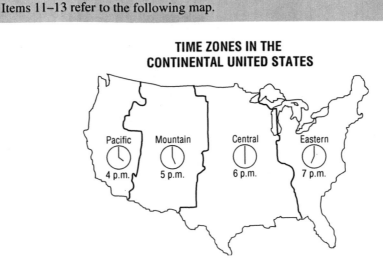

**TIME ZONES IN THE
CONTINENTAL UNITED STATES**

Pacific 4 p.m.   Mountain 5 p.m.   Central 6 p.m.   Eastern 7 p.m.

11. When it is 1:00 p.m. in San Francisco, what time is it in New York City?

   (1)   2 p.m.
   (2)   3 p.m.
   (3)   4 p.m.
   (4)   1 p.m.
   (5)   1 a.m.

12. A government worker in Washington, D.C., has to make a phone call to a Portland, Oregon, business that opens at 9:00 a.m. What is the earliest time in Washington, D.C., that the government worker can reach the Portland business?

   (1)   9 a.m.
   (2)   10 a.m.
   (3)   9 p.m.
   (4)   8 a.m.
   (5)   Noon

13. Time zones came into use in the United States in the late 1800s. What event or invention was the greatest cause of this innovation?

   (1)   The end of the Civil War
   (2)   The completion of the transcontinental railroad
   (3)   The widespread use of tin cans for preserving food
   (4)   The inauguration of the Pony Express
   (5)   The growth in the number of European immigrants to the United States

Las preguntas 11 a 13 se basan en el siguiente mapa.

**HUSOS HORARIOS EN ESTADOS
UNIDOS CONTINENTAL**

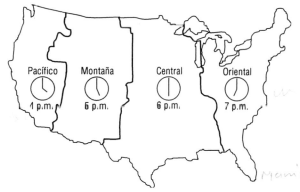

11. Cuando es la 1:00 p.m. en San Francisco, ¿qué hora es en la ciudad de Nueva York?

    (1)   2 p.m.

    (2)   3 p.m.

    (3)   4 p.m.

    (4)   1 p.m.

    (5)   1 a.m.

12. Un empleado público en Washington, D.C. tiene que realizar una llamada telefónica a una empresa en Portland, Oregon, que abre a las 9:00 a.m. ¿A partir de qué hora en Washington D.C. puede esta persona contactarse con la empresa de Portland?

    (1)   9 a.m.

    (2)   10 a.m.

    (3)   9 p.m.

    (4)   8 a.m.

    (5)   Mediodía.

13. Los husos horarios se comenzaron a utilizar en los Estados Unidos a fines del 1800. ¿Qué evento o invención fue la principal causa de esta innovación?

    (1)   El fin de la Guerra Civil.

    (2)   La finalización del ferrocarril transcontinental.

    (3)   El uso generalizado de latas para preservar alimentos.

    (4)   La inauguración del Pony Express.

    (5)   El crecimiento en la cantidad de inmigrantes europeos a los Estados Unidos.

Items 14–16 refer to the following information and graph.

PROFITS FOR GARCIA'S GOODIES

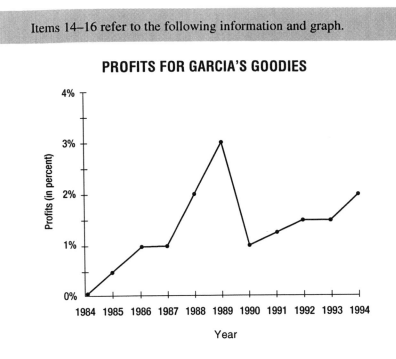

Mr. Antonio Garcia owns Garcia's Goodies, a gourmet grocery store he started in 1984. The line graph above shows the after-tax profits the store generated in each year of the first decade the store was in business.

14. According to the line graph, the year of highest profits was

    (1)   1984.
    (2)   1987.
    (3)   1989.
    (4)   1993.
    (5)   1990.

15. When profits fell in 1990, Mr. Garcia could have successfully rectified the situation by

    (1)   reducing the number of full-time store employees.
    (2)   getting a large loan from a nearby bank.
    (3)   asking some of the store's managers to take long paid vacations.
    (4)   giving cost-of-living salary increases to minimum-wage employees only.
    (5)   working with owners of similar, nearby stores to raise prices on most items.

16. In which year did Mr. Garcia probably hire the most employees?

    (1)   1986
    (2)   1984
    (3)   1989
    (4)   1991
    (5)   1993

Las preguntas 14 a 16 se basan en la información y el gráfico a continuación.

GANANCIAS DE GARCIA'S GOODIES

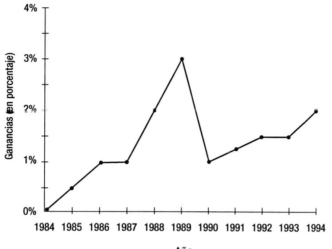

El señor Antonio Garcia es dueño de Garcia's Goodies, una tienda de comestibles gourmet que comenzó en 1984. La gráfica de líneas muestra las ganancias descontando impuestos que el negocio generó cada año de la primera década de actividad.

14. De acuerdo con la gráfica de líneas, el año de mayores ganancias fue

    (1)   1984.

    (2)   1987.

    (3)   1989.

    (4)   1993.

    (5)   1990.

15. Cuando las ganancias cayeron en 1990, el señor Garcia podría haber corregido la situación

    (1)   reduciendo la cantidad de empleados de tiempo completo en la tienda.

    (2)   solicitando un gran préstamo a un banco cercano.

    (3)   pidiendo a varios de los gerentes de la tienda que se tomen largas vacaciones pagas.

    (4)   aumentando el salario conforme al costo de vida sólo para los empleados con sueldos mínimos.

    (5)   trabajando con otros propietarios de tiendas cercanas similares a fin de subir los precios de la mayoría de los artículos.

16. ¿En qué año contrató probablemente más empleados el señor Garcia?

    (1)   1986

    (2)   1984

    (3)   1989

    (4)   1991

    (5)   1993

Items 17 and 18 refer to the following illustration.

LATITUDE AND LONGITUDE

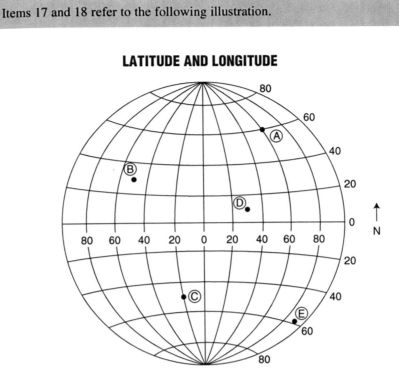

17. According to the illustration, which of the lettered points is found at 50 degrees south latitude and 20 degrees west longitude?

(1) Point A
(2) Point B
(3) Point C
(4) Point D
(5) Point E

18. What direction is point B from point D?

(1) West, northwest
(2) East, southeast
(3) East, northeast
(4) West, southwest
(5) South

Las preguntas 17 y 18 se basan en la siguiente ilustración.

LATITUD Y LONGITUD

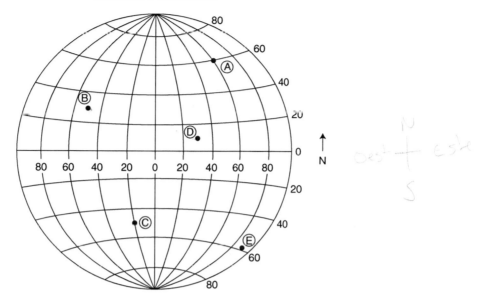

17. De acuerdo con la ilustración, cuál de los puntos marcados con letras se encuentra a 50 grados de latitud sur y 20 grados de longitud oeste?

(1)   Punto A.

(2)   Punto B.

(3)   Punto C.

(4)   Punto D.

(5)   Punto E.

18. ¿En qué dirección se encuentra el punto B partiendo del punto D?

(1)   Oeste, noroeste.

(2)   Este, sudeste.

(3)   Este, noreste.

(4)   Oeste, sudoeste.

(5)   Sur.

Items 19 and 20 refer to the following bar graph.

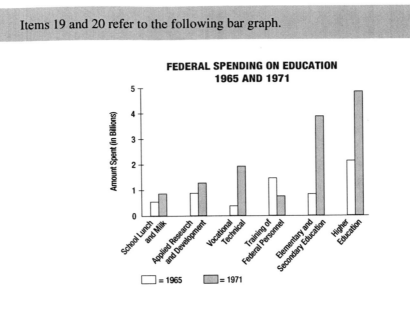

**FEDERAL SPENDING ON EDUCATION
1965 AND 1971**

□ = 1965   ▨ = 1971

19. According to the bar graph, spending for which category declined between 1965 and 1971?

    (1)   School lunch and milk

    (2)   Applied research and development

    (3)   Vocational technical

    (4)   Training of federal personnel

    (5)   Elementary and secondary education

20. Which of the following statements can be verified by information in the graph?

    (1)   The federal government spent a relatively small amount of its funds on education in both 1965 and 1971.

    (2)   The food served in most school lunch rooms did not adequately meet federal nutrition guidelines.

    (3)   Applied research and development was a relatively small part of the overall education budget in both 1965 and 1971.

    (4)   In 1971, most Americans believed federal funds for education were not being wisely spent.

    (5)   The number of Americans in college included a greater percentage of African Americans in 1971 than in 1965.

Las preguntas 19 y 20 se basan en la siguiente gráfica de barras.

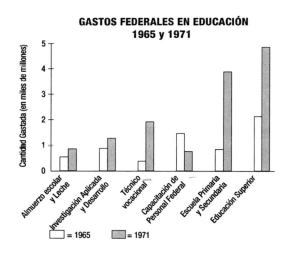

GASTOS FEDERALES EN EDUCACIÓN
1965 y 1971

□ = 1965   ▨ = 1971

19. De acuerdo con la gráfica de barras, ¿en qué categoría se registró una reducción del gasto entre 1965 y 1971?

(1) Almuerzo escolar y leche.

(2) Investigación aplicada y desarrollo.

(3) Técnico vocacional.

(4) Capacitación de personal federal.

(5) Educación primaria y secundaria.

20. ¿Cuál de las siguientes afirmaciones se puede verificar con la información de la gráfica?

(1) El gobierno federal invirtió una suma relativamente pequeña de sus fondos en la educación en 1965 y 1971.

(2) La comida servida en la mayoría de las cafeterías escolares no cumplió debidamente con las pautas de nutrición federales.

(3) La investigación aplicada y desarrollo fue una parte relativamente pequeña del presupuesto total de educación en 1965 y 1971.

(4) En 1971, la mayoría de los norteamericanos creían que los fondos federales para la educación no se estaban utilizando de manera inteligente.

(5) La cantidad de norteamericanos en la universidad incluía un porcentaje mayor de afroamericanos en 1971 que en 1965.

21. Which of the following is a true statement regarding UN peacekeeping efforts?

    (1) The frequency and number of peacekeeping missions have declined during the last decade.

    (2) Most peacekeeping troops have been supplied by smaller non-aligned nations.

    (3) American troops have become a common part of the UN peacekeeping missions.

    (4) In nearly all cases, UN peacekeeping missions have been able to establish a "permanent" peace.

    (5) Each nation pays an equal share of peacekeeping expenses.

22. All of the following are specifically found in the U.S. Constitution EXCEPT

    (1) the establishment of the Electoral College.

    (2) a prohibition against bills of attainder.

    (3) a statement creating national political parties.

    (4) a provision that establishes an "Acting President."

    (5) the establishment of a federal system of government.

23. "A man who lived from 1865 to 1945 would have witnessed developments which in European history occupied several centuries: absolute monarchy, constitutional monarchy, liberalism, imperialist expansion, military dictatorship, totalitarian fascism, foreign occupation." The above description best fits

    (1) India.

    (2) China.

    (3) Japan.

    (4) Egypt.

    (5) Russia.

24. The increased use of executive agreements by U.S. presidents has

    (1) actually increased congressional influence over the foreign policy process.

    (2) reflected the increase in overseas American commitments and responsibilities.

    (3) basically meant that U.S. presidentes no longer use executive orders as much as in the past.

    (4) had little impact upon Congressional-presidential relationships in the area of foreign policy.

    (5) been declared unconstitutional by the Supreme Court.

21. ¿Cuál de las siguientes afirmaciones es verdadera en lo que respecta a los esfuerzos de paz por parte de las Naciones Unidas?

    (1) La frecuencia y la cantidad de las misiones de paz han disminuido durante la última década.

    (2) La mayoría de las tropas de paz han sido provistas por pequeñas naciones no alineadas.

    (3) Las tropas norteamericanas se han convertido en una parte común de las misiones de paz de las Naciones Unidas.

    (4) En casi todos los casos, las misiones de paz de Naciones Unidas pudieron establecer la paz "permanente".

    (5) Cada nación abona una cantidad igual por gastos de paz.

22. Los puntos a continuación se enumeran específicamente en la Constitución de los Estados Unidos EXCEPTO

    (1) el establecimiento del Colegio Electoral.

    (2) una prohibición contra la ley de extinción de derechos civiles.

    (3) una declaración que crea los partidos políticos nacionales.

    (4) una disposición que establece un "Presidente Interino".

    (5) el establecimiento de un sistema de gobierno federal.

23. "Un hombre que haya vivido de 1865 a 1945 habría sido testigo de avances que ocuparon varios siglos en la historia europea: la monarquía absoluta, la monarquía constitucional, el liberalismo, la expansión imperialista, la dictadura militar, el fascismo totalitario, la ocupación extranjera". La descripción mencionada concuerda mejor con

    (1) India.

    (2) China.

    (3) Japón.

    (4) Egipto.

    (5) Rusia.

24. El incremento en la utilización de acuerdos ejecutivos por parte de los presidentes de los Estados Unidos ha

    (1) aumentado la influencia del Congreso en cuanto al proceso de política exterior.

    (2) reflejado el aumento en las responsabilidades y compromisos norteamericanos a nivel internacional.

    (3) significado básicamente que los presidentes de los Estados Unidos ya no utilizan decretos ejecutivos con tanta frecuencia como en el pasado.

    (4) tenido poco impacto en las relaciones entre el Congreso y la presidencia en el área de política exterior.

    (5) sido declarado inconstitucional por la Corte Suprema.

Items 25 and 26 refer to the following cartoon.

25. Which statement best describes the cartoon's meaning?

   (1)   Repeat offenders are a problem in American society.
   (2)   Parole boards should carry malpractice insurance as doctors do.
   (3)   Only high wage earners such as doctors can afford to carry malpractice insurance.
   (4)   Parole boards should be held more accountable for those they release from prison.
   (5)   Parole boards should have more minority members.

26. If this cartoonist could speak to the parole board, what would he probably ask them to do?

   (1)   Be less lenient with probable repeat offenders
   (2)   Spend more time reviewing each case
   (3)   Grant paroles to first-time offenders only
   (4)   Work with state legislators to increase the funds available for building more prisons
   (5)   Grant more paroles to drug dealers

Las preguntas 25 y 26 se basan en la siguiente ilustración.

25. ¿Cuál de las siguientes afirmaciones describe mejor el significado de la caricatura?

(1)   Los infractores reincidentes son un problema en la sociedad norteamericana.

(2)   La junta de libertad condicional debería contar con un seguro contra demandas por negligencia como los médicos.

(3)   Sólo aquellos con salarios altos, como los médicos, pueden pagar un seguro contra demandas por negligencia.

(4)   Las juntas de libertad condicional deberían responsabilizarse más por aquellos que liberan de prisión.

(5)   Las juntas de libertad condicional deberían incluir más miembros de minorías.

26. Si este dibujante pudiera hablarle a la junta de libertad condicional, ¿qué le pediría que hicieran?

(1)   Ser menos indulgentes con probables criminales reincidentes.

(2)   Pasar más tiempo revisando cada caso.

(3)   Otorgar libertad condicional sólo a los que infringen la ley por primera vez.

(4)   Trabajar con legisladores estatales a fin de aumentar los fondos disponibles para la construcción de más penitenciarias.

(5)   Otorgar más libertad condicional a los traficantes de drogas.

Items 27–30 refer to the following circle graph.

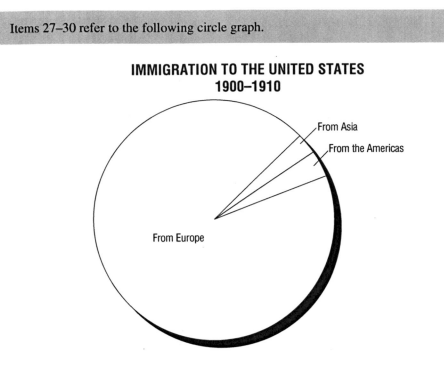

**IMMIGRATION TO THE UNITED STATES
1900–1910**

From Asia

From the Americas

From Europe

27. The period from the late 1800s to the early 1900s was a time of discrimination against people from Japan and China who wanted to immigrate to the United States. Which statement concerning the circle graph describes an effect of that discrimination?

    (1)   All of the immigrants to the United States came from Asia, the Americas, and Europe between 1900 and 1910.

    (2)   More immigrants came from Europe than from any other continent.

    (3)   According to the chart, no immigrants came from Africa or Australia.

    (4)   In the chart, "the Americas" refers to all those nations of the Western Hemisphere except the United States.

    (5)   Only a very small percentage of the total number of immigrants to the United States came from Asia, which includes China and Japan.

28. According to the graph, what percentage of the total number of immigrants came from Europe?

    (1)   About 10 percent
    (2)   About 30 percent
    (3)   About 50 percent
    (4)   About 70 percent
    (5)   About 90 percent

Las preguntas 27 a 30 se basan en la siguiente gráfica circular.

INMIGRACIÓN A LOS ESTADOS UNIDOS
1900–1910

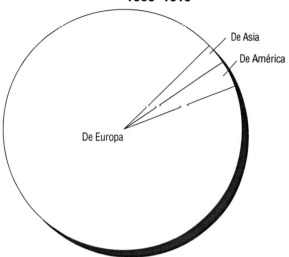

De Asia

De América

De Europa

27. El período desde fines de los 1800 hasta principios de los 1900 fue una época de discriminación a los japoneses y chinos que buscaban inmigrar a los Estados Unidos. ¿Cuál de las siguientes afirmaciones en lo que respecta a la gráfica circular describe un efecto de dicha discriminación?

(1)   Todos los inmigrantes a los Estados Unidos provenían de Asia, América y Europa entre 1900 y 1910.

(2)   La mayoría de los inmigrantes venía de Europa más que de otro continente.

(3)   De acuerdo con el cuadro, no había inmigrantes de África o Australia.

(4)   En el cuadro, "Américas" se refiere a todas aquellas naciones del Hemisferio Occidental excepto los Estados Unidos.

(5)   Sólo un pequeño porcentaje del total de inmigrantes a los Estados Unidos venía de Asia, incluidos Japón y China.

28. De acuerdo con la gráfica, ¿qué porcentaje de la cantidad total de inmigrantes provenía de Europa?

(1)   Alrededor del 10 por ciento.

(2)   Alrededor del 30 por ciento.

(3)   Alrededor del 50 por ciento.

(4)   Alrededor del 70 por ciento.

(5)   Alrededor del 90 por ciento.

29. The early 1900s were a time when most immigrants traveled by boat to the United States. European immigrants landed at and were processed through Ellis Island in New York Harbor. Asian immigrants landed at and were processed through Angel Island in San Francisco Harbor. Based on the information in the circle graph, which of the following statements is true?

    (1)   Many more immigrants were processed through Ellis Island than through Angel Island in the early 1900s.

    (2)   Asian immigrants were often forced to live at Angel Island for several months when they first arrived.

    (3)   Ellis Island was the port of entry for passengers who did not travel first class.

    (4)   Immigrants at both Ellis Island and Angel Island had to pass brief medical examinations.

    (5)   Most immigrants from the rest of the Americas were refused entry to the United States between 1900 and 1910.

30. Racial tensions and the aftermath of the Civil War in the United States probably had what effect on immigration to the United States between 1900 and 1910?

    (1)   They led to heavier immigration from Europe.

    (2)   They led to virtually no immigration from Africa.

    (3)   They caused Asian immigrants to reconsider their decisions to move to the United States.

    (4)   They made available to immigrants from the Americas places for legal immigration to the United States.

    (5)   They caused the United States to follow the foreign policy of isolationism.

31. "I believe it must be the policy of the United States to support free peoples who are resisting attempted subjugation by armed minorities or by outside pressures..."isa statement taken from the famous 1947 proclamation known as the

    (1)   Marshall Plan.
    (2)   Baruch Plan.
    (3)   Eisenhower Doctrine.
    (4)   Truman Doctrine.
    (5)   Four Freedoms Address.

32. "The political system of the allied powers is essentially different from that of America. We should consider any attempt on their part to extend their system to any portion of this hemisphere as dangerous to our peace and safety." This statement is representative of the ideas expressed in the

    (1)   Freeport Doctrine.
    (2)   Manifest Destiny.
    (3)   Constitution of the Confederacy.
    (4)   Monroe Doctrine.
    (5)   Articles of Confederation.

29. A principios de los 1900 la mayoría de los inmigrantes viajaba en barco hacia los Estados Unidos. Los inmigrantes europeos arribaban y se los procesaba en Ellis Island en el puerto de Nueva York. Los inmigrantes asiáticos arribaban y se los procesaba en Angel Island en el puerto de San Francisco. En base a la información de la gráfica circular, ¿cuál de las afirmaciones a continuación es verdadera?

    (1)   Muchos más inmigrantes eran procesados en Ellis Island que en Angel Island a principios de los 1900.

    (2)   A menudo se obligaba a los inmigrantes asiáticos a vivir en Angel Island durante varios meses cuando arribaban por primera vez.

    (3)   Ellis Island era el puerto de entrada para los pasajeros que no viajaban en primera clase.

    (4)   Tanto los inmigrantes en Ellis Island como en Angel Island debían someterse a breves exámenes médicos.

    (5)   Se les negaba la entrada a los Estados Unidos a la mayoría de los inmigrantes del resto de América entre 1900 y 1910.

30. ¿Cuál fue un efecto probable de los conflictos raciales y las consecuencias de la Guerra Civil en los Estados Unidos sobre la inmigración a los Estados Unidos entre 1900 y 1910?

    (1)   Condujeron a una mayor inmigración desde Europa.

    (2)   Condujeron a que prácticamente no hubiera inmigración desde África.

    (3)   Provocaron que los inmigrantes asiáticos reconsideraran la decisión de mudarse a los Estados Unidos.

    (4)   Brindaron nuevas posibilidades de inmigración legal a los Estados Unidos para aquellos provenientes de América.

    (5)   Llevaron a que Estados Unidos siguiera la política exterior de aislacionismo.

31. "Creo que la política de los Estados Unidos debe ser apoyar a los pueblos libres que se resisten a los intentos de sometimiento por parte de minorías armadas o factores de presión externos..." cita tomada de la famosa proclamación de 1947 conocida como

    (1)   Plan Marshall.
    (2)   Plan Baruch.
    (3)   Doctrina Eisenhower.
    (4)   Doctrina Truman.
    (5)   Discurso sobre las "cuatro libertades".

32. "El sistema político de las potencias aliadas es esencialmente diferente al de América. Deberíamos considerar peligroso para nuestra paz y seguridad todo intento de su parte por extender su sistema a cualquier área de este hemisferio." Esta declaración es representativa de las ideas expresadas en

    (1)   la Doctrina Freeport.
    (2)   el Destino manifiesto.
    (3)   la Constitución de la Confederación.
    (4)   la Doctrina Monroe.
    (5)   los Artículos de la Confederación.

Items 33–36 refer to the following map.

'What it says isn't always what it means'

33. According to the map, the last part of the continental United States that was added was

- (1)   the Louisiana Purchase.
- (2)   the Mexican Cession.
- (3)   Oregon Country.
- (4)   the Gadsden Purchase.
- (5)   Florida.

34. The Mexican War of 1846–1848 was ended by the Treaty of Guadalupe Hidalgo, which gave what large area of land to the United States?

- (1)   The Louisiana Purchase
- (2)   The Mexican Cession
- (3)   Oregon Country
- (4)   The Gadsden Purchase
- (5)   Florida

35. The Louisiana Purchase was made during the presidency of which of the following men?

- (1)   George Washington (1789–1797)
- (2)   Millard Fillmore (1850–1853)
- (3)   Thomas Jefferson (1801–1809)
- (4)   James Polk (1845–1849)
- (5)   Franklin Pierce (1853–1857)

36. Which sentence is the best summary of the map's content?

- (1)   Texas was annexed before the Gadsden Purchase was made.
- (2)   The Louisiana Purchase extended from the Gulf of Mexico to the Canadian border.
- (3)   At the time of the Constitutional Convention, the territory of the United States was all east of the Mississippi River.
- (4)   The Oregon Country is north and west of the Louisiana Purchase.
- (5)   The expansion of the continental United States was made up of adjoining pieces of land that were added during the nineteenth century.

Las preguntas 33 a 36 se basan en el siguiente mapa.

EXPANSIÓN DE ESTADOS UNIDOS CONTINENTAL

33. De acuerdo con el mapa, la última parte de los Estados Unidos continental que se agregó fue

(1)   la Adquisición de Louisiana.

(2)   la Cesión de México.

(3)   el país de Oregon.

(4)   la Adquisición de Gadsden.

(5)   Florida.

34. La guerra Mexicana de 1846-1848 finalizó con el Tratado de Guadalupe Hidalgo, que le dio a Estados Unidos ¿qué área de tierra?

(1)   la Adquisición de Louisiana.

(2)   la Cesión de México.

(3)   el país de Oregon.

(4)   la Adquisición de Gadsden.

(5)   Florida.

35. ¿Durante qué presidencia se llevó a cabo la Adquisición de Louisiana?

(1)   George Washington (1789–1797).

(2)   Millard Fillmore (1850–1853).

(3)   Thomas Jefferson (1801–1809).

(4)   James Polk (1845–1849).

(5)   Franklin Pierce (1853–1857).

36. ¿Cuál de las siguientes oraciones resume más eficazmente el contenido del mapa?

(1)   Texas se anexó antes de la Adquisición de Gadsden.

(2)   La Adquisición de Louisiana se extendió desde el Golfo de México hasta la frontera canadiense.

(3)   En el momento de la Convención Constitucional, el territorio de los Estados Unidos estaba al este del río Mississippi.

(4)   El País de Oregon se encuentra al norte y al oeste de la Adquisición de Louisiana.

(5)   La expansión de Estados Unidos continental se realizó con porciones de tierra contiguas que se agregaron durante el siglo XIX.

37. "During the decade 1840–1850 they left their native land in large numbers because of the famine and came to the United States to settle, for the greater part, in seaboard cities." This description best applies to immigrants from

   (1) Germany.
   (2) Ireland.
   (3) Russia.
   (4) Italy.
   (5) Denmark.

   Items 38 and 39 refer to the following passage.

Although people sometimes think of the earth as unchanging and solid, this is not really true. In fact, the earth is changing constantly, both on and beneath the surface. Evidence of this activity can be seen in the United States today. Active volcanoes are found in both Oregon and Hawaii. Earthquakes are common in California, especially along the San Andreas Fault. The New Madrid Fault, a less active but well-known fault, runs from southern Illinois through Missouri, Tennessee, and Arkansas.

   Weather has a big effect on the shape and form of the earth's surface. Tornadoes are common during some seasons in Iowa, Nebraska, Kansas, Illinois, Wisconsin, and other states in the Midwest. Heavy rains sometimes cause flash floods in Texas, Arizona, New Mexico, and California. Hurricanes are annual events and sometimes strike Florida, the Carolinas, and other states along the eastern seaboard.

38. Someone who lives near the San Andreas Fault probably worries most about the danger from

   (1) hurricanes.
   (2) tornadoes.
   (3) earthquakes.
   (4) volcanoes.
   (5) flash floods.

39. In 1811 and 1812, the Mississippi River changed its course through Tennessee, Missouri, and Arkansas. What most likely forced this change?

   (1) Hurricanes
   (2) Tornadoes
   (3) Earthquakes
   (4) Volcanoes
   (5) Flash floods

37. "Durante la década de 1840–1850 muchos dejaron su tierra natal debido a la hambruna y vinieron a los Estados Unidos a fin de establecerse, en su mayoría, en las ciudades costeras." Esta descripción se aplica mejor a los inmigrantes de

   (1)   Alemania.
   (2)   Irlanda.
   (3)   Rusia.
   (4)   Italia.
   (5)   Dinamarca.

Las preguntas 38 y 39 se basan en el siguiente fragmento.

   Aunque el concepto de las personas sobre la tierra suele ser que es inalterable y sólida, esto no es verdadero. En realidad, la tierra cambia constantemente tanto en la superficie como debajo de ella. La prueba de este cambio se puede ver en los Estados Unidos actualmente. Se pueden encontrar volcanes activos en Oregon y en Hawaii. Los terremotos son comunes en California, especialmente a lo largo de la Falla de San Andrés. La Nueva Falla de Madrid, menos activa pero muy conocida, parte desde el sur de Illinois y pasa por Missouri, Tennessee y Arkansas.

   El clima tiene un gran efecto sobre la forma y la formación de la superficie de la tierra. Los tornados son comunes en algunas temporadas en Iowa, Nebraska, Kansas, Illinois, Wisconsin y otros estados en la región central de los Estados Unidos. Las fuertes lluvias a veces causan inundaciones repentinas en Texas, Arizona, Nuevo México y California. Los huracanes son eventos anuales y en ocasiones azotan a Florida, las Carolinas y otros estados sobre la costa este.

38. Una persona que vive cerca de la Falla de San Andrés probablemente se preocupa más por el peligro de

   (1)   huracanes.
   (2)   tornados.
   (3)   terremotos.
   (4)   volcanes.
   (5)   inundaciones repentinas.

39. En 1811 y 1812, el río Mississippi cambió su curso por Tennessee, Missouri y Arkansas. ¿Qué fue lo que probablemente forzó este cambio?

   (1)   Huracanes.
   (2)   Tornados.
   (3)   Terremotos.
   (4)   Volcanes.
   (5)   Inundaciones repentinas.

Items 40 and 41 refer to the following cartoon.

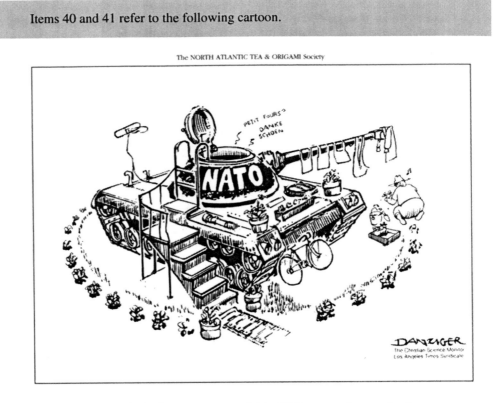

The NORTH ATLANTIC TEA & ORIGAMI Society

40. Which statement is the best summary of this 1990 cartoon's meaning?

    (1)   NATO has become too involved in Japanese affairs.

    (2)   NATO is not a well-managed organization.

    (3)   NATO has become ineffectual since the fall of communism.

    (4)   NATO needs to undertake joint training exercises with the former communist countries of Eastern Europe.

    (5)   NATO was a better organization when it had a strong adversary.

41. With which of the following statements would the cartoonist probably most agree?

    (1)   NATO needs a powerful enemy to be strong itself.

    (2)   France needs to rejoin NATO before the organization can become strong again.

    (3)   NATO has never been a useful organization for the United States to be a part of and it never will be.

    (4)   NATO should become a worldwide security group.

    (5)   NATO's benefit to the West has ended and it should be disbanded.

Las preguntas 40 y 41 se basan en la siguiente ilustración.

The NORTH ATLANTIC TEA & ORIGAMI Society
(Sociedad de ORIGAMI y TE DEL ATLÁNTICO NORTE)

40. ¿Cuál afirmación resume mejor el significado de esta ilustración de 1990?

(1)   La OTAN se ha involucrado demasiado en los asuntos de Japón.

(2)   La OTAN no es una organización bien administrada.

(3)   La OTAN es ineficaz desde la caída del comunismo.

(4)   La OTAN necesita emprender ejercicios conjuntos de adiestramiento con los países ex comunistas de Europa Oriental.

(5)   La OTAN era una mejor organización cuando tenía un adversario fuerte.

41. ¿Con cuál de las siguientes afirmaciones estaría de acuerdo el dibujante?

(1)   La OTAN necesita un enemigo poderoso para ser fuerte.

(2)   Francia necesita volver a unirse a la OTAN antes de que la organización se pueda fortalecer nuevamente.

(3)   La OTAN nunca fue una organización útil para que Estados Unidos sea parte de ella y nunca lo será.

(4)   La OTAN debería convertirse en un grupo de seguridad mundial.

(5)   La OTAN ya no es beneficiosa para Occidente y la organización se debería disolver.

Items 42–45 refer to the following information.

Listed below are five major present-day forms of government.

Aristocracy: government in which a small, privileged, hereditary group governs

Constitutional monarchy: government in which the real power is held by an elected parliament or congress but documents recognize a hereditary ceremonial king or queen

Dictatorship: government in which an individual and a small, trusted group of followers have all the power, usually to the detriment of the majority of citizens

Direct democracy: government in which all eligible citizens are entitled to participate in the process of making laws and setting policy

Representative democracy: government in which freely elected representatives of the great mass of citizens make laws and set policy

42. In Iraq, Saddam Hussein rules what type of government?
    (1) Aristocracy
    (2) Constitutional monarchy
    (3) Dictatorship
    (4) Direct democracy
    (5) Representative democracy

43. Queen Elizabeth II of Great Britain and Northern Ireland is the head of a(n)
    (1) aristocracy.
    (2) constitutional monarchy.
    (3) dictatorship.
    (4) direct democracy.
    (5) representative democracy.

44. Although many others would disagree, the Irish Republican Army would probably describe the government of Northern Ireland as a(n)
    (1) aristocracy.
    (2) constitutional monarchy.
    (3) dictatorship.
    (4) direct democracy.
    (5) representative democracy.

45. People in the United States tend to oppose dictatorships because
    (1) most Americans have a basic belief in the rights of all people to have a say in their government.
    (2) most known dictatorships have operated to the detriment of the majority of their citizens.
    (3) most people in the United States know little about forms of government other than democracy.
    (4) dictatorships often deny equal trading rights in their nations to U.S. companies.
    (5) the United States has never been governed by a dictatorship.

Las preguntas 42 a 45 se basan en la siguiente información.

A continuación encontrará cinco importantes formas de gobierno actuales.

Aristocracia: gobierno en el que un pequeño grupo privilegiado y hereditario ejerce el gobierno.

Monarquía constitucional: gobierno en el que un parlamento o congreso electo ejerce el poder real pero los documentos reconocen un rey o reina ceremonial y hereditario.

Dictadura: gobierno en el que un individuo y un pequeño y grupo de seguidores de confianza ejercen el poder, generalmente en perjuicio de la mayoría de los ciudadanos.

Democracia directa: gobierno en el que todos los ciudadanos tienen derecho a participar en el proceso de legislación y fijación de políticas.

Democracia representativa: gobierno en el que los representantes -elegidos libremente- de la gran masa de ciudadanos crean las leyes y fijan las políticas.

42. ¿Qué tipo de gobierno ejerce Saddam Hussein en Irak?

    (1)   Aristocracia.
    (2)   Monarquía constitucional.
    (3)   Dictadura.
    (4)   Democracia directa.
    (5)   Democracia representativa.

43. La Reina Isabel II de Gran Bretaña e Irlanda del norte está a cargo de una

    (1)   aristocracia.
    (2)   monarquía constitucional.
    (3)   dictadura.
    (4)   democracia directa.
    (5)   democracia representativa.

44. Aunque muchos estarían en desacuerdo, el Ejército Republicano de Irlanda probablemente describiría el gobierno de Irlanda del Nnorte como una

    (1)   aristocracia.
    (2)   monarquía constitucional.
    (3)   dictadura.
    (4)   democracia directa.
    (5)   democracia representativa.

45. El pueblo de los Estados Unidos tiende a oponerse a la dictadura porque

    (1)   la mayoría de los estadounidenses creen básicamente en los derechos de todas las personas a tener voz y voto en su gobierno.
    (2)   la mayoría de las dictaduras conocidas han funcionado en perjuicio de la mayoría de sus ciudadanos.
    (3)   la mayor parte de la población en los Estados Unidos cuentan con poco conocimiento acerca de otras formas de gobierno que no sea la democracia.
    (4)   las dictaduras generalmente niegan los derechos comerciales igualitarios en sus naciones a las compañías estadounidenses.
    (5)   Estados Unidos nunca fue gobernado por una dictadura.

Items 46–48 refer to the following information.

Violence has become a major concern of many Americans in the 1990s. This violence includes: child abuse, spousal abuse, random shootings, assaults, and abuse of the elderly.

46. A member of a child welfare league would probably be most involved with finding solutions to which type of violence?

    (1)   Child abuse

    (2)   Spousal abuse

    (3)   Abuse of the elderly

    (4)   Random shootings

    (5)   Assaults

47. A member of the American Association of Retired Persons would probably be most involved in finding solutions to which type of violence?

    (1)   Child abuse

    (2)   Spousal abuse

    (3)   Abuse of the elderly

    (4)   Random shootings

    (5)   Assaults

48. Street gangs are most often associated with which type of criminal activity?

    (1)   Anti-Semitic hate crimes

    (2)   Thefts of information from computer systems

    (3)   Retaliatory shootings

    (4)   Rape

    (5)   Credit card forgeries

49. An American student in London becomes friendly with the "wrong crowd" and soon is involved in a bungled bank robbery. The robbers are apprehended and the American student calls the American consulate for help. The consul can offer advice and encouragement to the jailed student but he cannot

    (1)   request the release of the student, as a U.S. citizen, for trial in the United States.

    (2)   attend the trial as an observer.

    (3)   communicate with the student's parents to reassure them that the student is being treated fairly.

    (4)   visit the student in prison if the student is convicted.

    (5)   bring the student small gifts from home.

50. Sometimes "the impossible" can only be accomplished by the most "improbable" person. Thus, only a leader with well-established credentials as a hard-liner can get away with making overtures to "the other side." Of the following, which visit does not fit into this category.

    (1)   Richard Nixon to China.

    (2)   John Paul II to the Temple in Rome.

    (3)   Willy Brandt to the United States.

    (4)   Anwar Sadat to Jerusalem.

    (5)   Saddam Hussein to the Israeli border.

Las preguntas 46 a 48 se basan en la siguiente información.

La violencia se ha convertido en una gran preocupación para muchos estadounidenses en la década de 1990. Dicha violencia incluye: maltrato de menores, maltrato conyugal, tiroteos, agresión y maltrato de ancianos.

46. Un miembro de la liga del bienestar del niño probablemente se preocuparía más por encontrar las soluciones ¿a qué tipo de violencia?

(1) Maltrato de menores.

(2) Maltrato conyugal.

(3) Maltrato de ancianos.

(4) Tiroteos.

(5) Agresiones.

47. Un miembro de la Asociación Estadounidense de Retiro (American Association of Retired Persons) probablemente se preocuparía más por encontrar las soluciones ¿a qué tipo de violencia?

(1) Maltrato de menores.

(2) Maltrato conyugal.

(3) Maltrato de ancianos.

(4) Tiroteos.

(5) Agresiones.

48. ¿Con qué tipo de crímenes se relaciona a las pandillas callejeras?

(1) Delitos motivados por el odio antisemita.

(2) Robos de información de sistemas informáticos.

(3) Tiroteos por venganza.

(4) Violaciones.

(5) Falsificación de tarjetas de crédito.

49. Un estudiante estadounidense en Londres se hace amigo de la "gente incorrecta" y pronto se ve involucrado en un robo bancario frustrado. Los ladrones quedan detenidos y el estudiante estadounidense llama al consulado de los Estados Unidos para solicitar ayuda. El cónsul puede asesorar y alentar al estudiante preso pero no puede

(1) solicitar la liberación del estudiante, como ciudadano estadounidense, para que se lo procese en los Estados Unidos.

(2) asistir al juicio como observador.

(3) comunicarse con los padres del estudiante para asegurarles que se lo está juzgando de manera justa.

(4) visitar al estudiante en prisión si se lo declara culpable.

(5) traerle pequeños obsequios de casa.

50. A veces "lo imposible" sólo puede realizarlo la persona menos "probable". Por lo tanto, sólo un líder reconocido por su intransigencia puede mostrar gestos de acercamiento al lado "contrario". De las siguientes, ¿cuál visita no corresponde a esta categoría?

(1) Richard Nixon a China.

(2) Juan Pablo II al Templo de Roma.

(3) Willy Brandt a los Estados Unidos.

(4) Anwar Sadat a Jerusalem.

(5) Saddam Hussein a la frontera Israelí.

ANSWERS AND EXPLANATIONS

1. **The correct answer is (3). (Comprehension)** According to the table, open communication is the most highly valued job factor, with 65 percent of respondents saying they rate it "very important."

2. **The correct answer is (3). (Comprehension)** The table indicates that the size of the company is the least important factor.

3. **The correct answer is (2). (Analysis)** The flow of communication within the company and the management style of the supervisor are two of the three most highly rated qualities in their importance to workers.

4. **The correct answer is (2). (Application)** Because open communication is highly desired by most employees, the interviewer would be wise to talk about the company's ability to fulfill this desire.

5. **The correct answer is (1). (Comprehension)** The drawing shows gangs growing out of poverty, drugs, and ignorance.

6. **The correct answer is (4). (Evaluation)** The correct answer is choice (4), because the cartoonist, who sees poverty, drugs, and ignorance as the causes of gangs, would probably agree that the only way to end gang violence is to eliminate these causes.

7. **The correct answer is (2). (Analysis)** A retired individual living on an insurance annuity has a fixed income. As the second inflation starts, the value of his or her income depreciates. The other four choices would feel little or no immediate effect from inflation.

8. **The correct answer is (1). (Analysis)** On February 27, 1991, President Bush ordered a cease fire. At the time Saddam Hussein was left in control of Iraq. Although Kurds in the north and Shi'ite Muslims in the south attempted to overthrow Saddam, he was able to put down both rebellions.

9. **The correct answer is (3). (Comprehension)** The War Powers Act of 1973 places the following limits on the president's use of the military. He must report in writing to Congress within 48 hours after he sends troops into any conflict. Congress then has sixty days to declare war or provide for the continued use of those troops. If Congress fails to provide such authorization, the president must remove the troops, so choice (3) is correct.

10. **The correct answer is (3). (Analysis)** Korea was divided into North and South Korea, Vietnam into North and South Vietnam, and Germany into East and West Germany. Japan was the only nation not to be divided into Communist and non-Communist spheres of influence, so choice (3) is the correct answer.

11. The correct answer is (3). (Comprehension) New York City is three time zones to the east of San Francisco, so it is 3 hours later in New York.

12. **The correct answer is (5). (Application)** Because Washington, D.C., is in the Eastern time zone and Portland, Oregon, is in the Pacific time zone, the time difference is three hours, so when it is 9 a.m. in Portland, it is noon in Washington.

13. **The correct answer is (2). (Analysis)** Originally, each town across the country set its own time by the position of the sun, so it was impossible to figure the arrival and departure times of trains. The creation of time zones solved this problem.

14. **The correct answer is (3). (Comprehension)** According to the graph, the year of highest profits was 1989.

RESPUESTAS Y EXPLICACIONES

1. **La respuesta correcta es la (3). (Comprensión)** Basándose en la tabla, la comunicación abierta es el factor de trabajo más valorado, con un 65 por ciento de personas que la califican como "muy importante".

2. **La respuesta correcta es la (3). (Comprensión)** La tabla indica que el tamaño de la compañía es el factor menos importante.

3. **La respuesta correcta es la (2). (Análisis)** El flujo de comunicación dentro de la compañía y el estilo de gestión del supervisor son dos de las tres cualidades más importantes para los trabajadores.

4. **La respuesta correcta es la (2). (Aplicación)** Debido a que la comunicación abierta es un factor muy deseado por la mayoría de los empleados, el entrevistador debería mencionar la capacidad de la compañía de cumplir con estas expectativas.

5. **La respuesta correcta es la (1). (Comprensión)** El dibujo muestra pandillas que crecen a partir de la pobreza, las drogas y la ignorancia.

6. **La respuesta correcta es la (4). (Evaluación)** La respuesta correcta es la (4), ya que el dibujante, que considera a la pobreza, las drogas y la ignorancia como las raíces de las pandillas, probablemente estaría de acuerdo con que la única manera de erradicar la violencia de las pandillas es eliminar estas causas.

7. **La respuesta correcta es la (2). (Análisis)** Un jubilado que vive de un seguro de rentas tiene un ingreso fijo. Cuando comienza la segunda inflación, el valor de su ingreso devalúa. Las otras cuatro opciones sentirían poco o nada el efecto de la inflación.

8. **La respuesta correcta es la (1). (Análisis)** El 27 de febrero de 1991, el presidente Bush ordenó el cese de hostilidades. En ese momento Saddam Hussein quedó en control de Irak. Aunque los Kurdos en el norte y los musulmanes Chiitas en el sur trataron de derrocar a Saddam, el líder logró dominar a ambas rebeliones.

9. **La respuesta correcta es la (3). (Comprensión)** La Ley de Poderes de Guerra de 1973 establece los siguientes límites al uso de las fuerzas militares por parte del presidente. Debe informar por escrito al Congreso dentro de las 48 horas después de enviar tropas a cualquier conflicto. El Congreso luego tiene sesenta días para declarar la guerra o autorizar el uso prolongado de dichas tropas. Si el Congreso no lo autoriza, el presidente debe retirarlas, por lo tanto la opción (3) es la correcta.

10. **La respuesta correcta es la (3). (Análisis)** Corea se dividió en Corea del Norte y Corea del Sur; Vietnam en Vietnam del Norte y Vietnam del Sur; y Alemania en Alemania Oriental y Alemania Occidental. Japón fue la única nación que no se dividió en esferas de influencia comunista y no comunista, por lo tanto, la opción (3) es la respuesta correcta.

11. **La respuesta correcta es la (3). (Comprensión)** La Ciudad de Nueva York se encuentra tres zonas horarias al este de San Francisco, por lo tanto es 3 horas más tarde en Nueva York.

12. **La respuesta correcta es la (5). (Aplicación)** Debido a que Washington, D.C. se encuentra en la zona horaria oriental y Portland, Oregon, en la zona horaria del Pacífico, la diferencia horaria es de tres horas, por lo tanto, cuando son las 9 a.m. en Portland, es mediodía en Washington.

13. **La respuesta correcta es la (2). (Análisis)** Originalmente, cada ciudad del país fijaba su propio horario por la posición del sol, por lo que era imposible calcular el horario de llegada y partida de los trenes. La creación de zonas horarias solucionó este problema.

14. **La respuesta correcta es la (3). (Comprensión)** De acuerdo con la gráfica, el año de mayores ganancias fue 1989.

15. **The correct answer is (1). (Evaluation)** Reducing costs (i.e., salaries) would have helped increase profits. The other four choices would not have increased the profitability of the store; in fact, choices (2) and (3) would have actually added to the problem.

16. **The correct answer is (2). (Analysis)** The year the business opened, 1984, would have been the one during which the most employees would have been hired, because it can be assumed that a full staff would have been put in place that year.

17. **The correct answer is (3). (Comprehension)** This answer can be derived by looking only at the latitudes of the various options. Only choices (3) and (5), points C and E, are in the south latitudes, so the other three choices can be eliminated immediately. Choice (5) is at 60 degrees south latitude, so choice (3), point C, can be determined to be the correct answer by the process of elimination.

18. **The correct answer is (1). (Application)** By locating points B and D on the globe, it should become apparent that point B is both west and north of point D, so choice (1) is correct.

19. **The correct answer is (4). (Comprehension)** Between 1965 and 1971, spending declined for only one category—training of federal personnel—so choice (4) is correct.

20. **The correct answer is (3). (Analysis)** Choices (1), (2), (4), and (5) may or may not be true statements; they cannot be verified by the information in the bar graph. Only choice (3) contains information that can be verified by the bar graph.

21. **The correct answer is (2). (Comprehension)** While the United States remains the largest financial contributor to the UN peacekeeping efforts, smaller or non-aligned nations supply the majority of the troops. The top five troop contributors are: India, Nigeria, Jordan, Bangladesh, and Australia. The number of peacekeeping missions escalated in 1993, then declined from 1996 to 1999, but rose again in 2000.

22. **The correct answer is (3). (Analysis)** The Electoral College is established in article II, section 1.2. Bills of attainder are prohibited in article 1, section 9.3. An "Acting President" is established by the twenty-fifth Amendment. Nowhere in the Constitution is there any provision for the creation of national political parties.

23. **The correct answer is (3). (Analysis)** The series of events best describes the political changes within Japan during the time period given. It begins with the removal of the Tokugawa Shogun and the beginning of the Meiji Restoration (1868). It ends with the American occupation of Japan at the end of World War II (1945).

24. **The correct answer is (2). (Comprehension)** Executive agreements in foreign affairs are made between the president and other heads of state. They do not require Senate approval. Many have secret provisions, so Congress is bypassed. Over 9,000 Executive Agreements have been issued by presidents.

25. **The correct answer is (4). (Comprehension)** The problem of repeat offenders who had been released early by parole boards is shown in the cartoon as the responsibility of the boards themselves.

26. **The correct answer is (1). (Application)** The cartoonist would probably tell the parole board to be less lenient and more cautious about whom they release, because such leniency is the issue of the cartoon.

27. **The correct answer is (5). (Analysis)** Choice (5) is the only one that describes the situation regarding immigration from Japan and China to America.

28. **The correct answer is (5). (Comprehension)** More than 90 percent of the immigrants were from Europe.

15. **La respuesta correcta es la (1). (Evaluación)** Reducir los costos (es decir, los salarios) habría ayudado a aumentar las ganancias. Las otras cuatro opciones no habrían aumentado las ganancias de la tienda; en realidad, las opciones (2) y (3) habrían incrementado el problema.

16. **La respuesta correcta es la (2). (Análisis)** El año de apertura de la empresa, 1984, habría sido el año en que se contrató la mayor cantidad de empleados, porque se puede suponer que se habría tomado al personal completo ese año.

17. **La respuesta correcta es la (3). (Comprensión)** Se puede obtener la respuesta mirando sólo las latitudes de las opciones. Sólo las opciones (3) y (5), puntos C y E, se encuentran en las latitudes sur, por lo tanto, las otras tres opciones se pueden eliminar inmediatamente. La opción (5) se encuentra a 60 grados de latitud sur, por lo que se puede determinar que la opción (3), punto C, es la respuesta correcta mediante el proceso de eliminación.

18. **La respuesta correcta es la (1). (Aplicación)** Al ubicar los puntos B y D en el globo, parecería evidente que el punto B se encuentra tanto al oeste como al norte del punto D, por lo que la opción (1) es la correcta.

19. **La respuesta correcta es la (4). (Comprensión)** Entre 1965 y 1971, los gastos bajaron para sólo una categoría -capacitación del personal federal- por lo que la opción (4) es la correcta.

20. **La respuesta correcta es la (3). (Análisis)** Las opciones (1), (2), (4) y (5) pueden ser o no afirmaciones verdaderas, y no pueden verificarse basándose en la gráfica. Sólo la opción (3) contiene información que se puede verificar con la gráfica de barras.

21. **La respuesta correcta es la (2). (Comprensión)** Si bien los Estados Unidos es el contribuyente financiero más grande de los esfuerzos de paz de las Naciones Unidas, las naciones más pequeñas o no alineadas proveen la mayor parte de las tropas. Los cinco principales colaboradores en este aspecto son: India, Nigeria, Jordán, Bangladesh y Australia. La cantidad de misiones de paz subió en 1993, luego bajó de 1996 a 1999, aunque aumentó nuevamente en 2000.

22. **La respuesta correcta es la (3). (Análisis)** El Colegio Electoral se establece en el artículo II, sección 1.2. Las leyes de extinción de derechos civiles se prohiben en el artículo 1, sección 9.3. El "Presidente Interino" se establece en la Vigésimo Quinta Enmienda. En ninguna parte de la Constitución se establece una disposición para la creación de partidos políticos nacionales.

23. **La respuesta correcta es la (3). (Análisis)** La serie de eventos describe más acertadamente los cambios políticos dentro de Japón durante el período mencionado. Comienza con la remoción del Shogun Tokugawa y el comienzo de la Restauración de Meiji (1868). Finaliza con la ocupación estadounidense de Japón al finalizar la Segunda Guerra Mundial (1945).

24. **La respuesta correcta es la (2). (Comprensión)** Los acuerdos ejecutivos en relaciones exteriores se realizan entre el presidente y otros jefes de estado. No requieren de la aprobación del Senado. Muchos tienen disposiciones secretas, por lo tanto se elude al Congreso. Los presidentes han emitido más de 9,000 Acuerdos Ejecutivos.

25. **La respuesta correcta es la (4). (Comprensión)** El problema de los criminales reincidentes que han sido liberados anticipadamente por las juntas de libertad condicional se muestra en el dibujo como responsabilidad de las juntas.

26. **La respuesta correcta es la (1). (Aplicación)** Probablemente el dibujante le diría a la junta de libertad condicional que sea menos indulgente y más cuidadosa con quienes libera, porque esta indulgencia es el tema del dibujo.

27. **La respuesta correcta es la (5). (Análisis)** La opción (5) es la única que describe la situación de la inmigración de Japón y China a los Estados Unidos.

28. **La respuesta correcta es la (5). (Comprensión)** Más del 90 por ciento de los inmigrantes provenían de Europa.

29. **The correct answer is (1). (Evaluation)** The large number of immigrants from Europe, who, it must be assumed, were processed through Ellis Island, would indicate that choice (1) is the correct answer.

30. **The correct answer is (2). (Analysis)** The great racial tensions between African Americans and whites of European descent probably caused immigration from Africa to be almost nonexistent.

31. **The correct answer is (4). (Comprehension)** The Truman Doctrine requested $400 million from Congress to aid Turkey and Greece in their efforts to resist Soviet ambitions in their countries.

32. **The correct answer is (4). (Comprehension)** In the Monroe Doctrine, President Monroe in effect closed the Western Hemisphere to any further colonization or interference by European powers.

33. **The correct answer is (4). (Application)** The Gadsden Purchase was added in 1853, making it the final acquisition to the continental United States.

34. **The correct answer is (2). (Application)** The Mexican Cession was added to the United States in 1848 as a result of the Mexican War, which ended that year.

35. **The correct answer is (3). (Analysis)** The Louisiana Purchase was made in 1803, during the presidency of Thomas Jefferson.

36. **The correct answer is (5). (Analysis)** Choice (5) summarizes the entire map; each of the other choices describes only one part of it.

37. **The correct answer is (2). (Analysis)** Over a million people emigrated from Ireland after the devastating potato famines of 1846 and 1848. Many of them settled in the United States along the eastern seaboard.

38. **The correct answer is (3). (Application)** Because the San Andreas Fault is a major source of earthquakes, choice (3) is the correct answer.

39. **The correct answer is (3). (Application)** The passage describes the New Madrid Fault as running through the area, so choice (3) is the correct one.

40. **The correct answer is (3). (Comprehension)** The key word is ineffectual, because the drawing shows that the tank and its occupants have little to do except decorate a garden.

41. **The correct answer is (1). (Evaluation)** The cartoon implies that NATO's reason for existence (the Soviet Union) has disappeared. Therefore, the cartoonist would probably agree that a powerful enemy once again would lead to a stronger NATO.

42. **The correct answer is (3). (Application)** The Iraqi government under Saddam Hussein is a dictatorship.

43. **The correct answer is (2). (Application)** Great Britain and Northern Ireland are considered to be a model example of a constitutional monarchy. The current ruler is Queen Elizabeth II.

44. **The correct answer is (3). (Evaluation)** Because the Irish Republican Army strongly opposes British rule of Northern Ireland, the group would probably call the British governmenta dictatorship.

45. **The correct answer is (1). (Evaluation)** A belief in the right of people to have a say in their government is a traditional, strongly held American belief.

29. **La respuesta correcta es la (1). (Evaluación)** La gran cantidad de inmigrantes provenientes de Europa, quienes, se debe suponer, eran procesados en Ellis Island, indicaría que la opción (1) es la respuesta correcta.

30. **La respuesta correcta es la (2). (Análisis)** Los grandes conflictos raciales entre afroamericanos y blancos de descendencia europea probablemente causaron que la inmigración proveniente de África fuera prácticamente nula.

31. **La respuesta correcta es la (4). (Comprensión)** La Doctrina Truman solicitó $400 millones al Congreso para ayudar a Turquía y Grecia en sus esfuerzos para resistir a las ambiciones soviéticas sobre sus países.

32. **La respuesta correcta es la (4). (Comprensión)** En la Doctrina Monroe, el Presidente Monroe efectivamente cerro el Hemisferio Occidental a toda colonización o interferencia de las fuerzas europeas.

33. **La respuesta correcta es la (4). (Aplicación)** La Adquisición de Gadsden se sumó en 1853, convirtiéndola en la adquisición final de Estados Unidos continental.

34. **La respuesta correcta es la (2). (Aplicación)** La cesión de México se sumó a los Estados Unidos en 1848 como resultado de la Guerra de México, que finalizó ese año.

35. **La respuesta correcta es la (3). (Análisis)** La Adquisición de Louisiana se realizó en 1803, durante la presidencia de Thomas Jefferson.

36. **La respuesta correcta es la (5). (Análisis)** La opción (5) resume todo el mapa; cada una de las otras opciones describe sólo una parte.

37. **La respuesta correcta es la (2). (Análisis)** Más de un millón de personas emigraron de Irlanda después de las devastadoras hambrunas de la papa de 1846 y 1848. Muchos de ellos se establecieron en los Estados Unidos en la costa oriental.

38. **La respuesta correcta es la (3). (Aplicación)** Debido a que la Falla de San Andrés es una fuente importante de terremotos, la opción (3) es la respuesta correcta.

39. **La respuesta correcta es la (3). (Aplicación)** El fragmento describe la Falla de Nueva Madrid que recorre el área, por lo tanto la opción (3) es la correcta.

40. **La respuesta correcta es la (3). (Comprensión)** La palabra clave es ineficaz, porque el dibujo muestra que el tanque y sus ocupantes tienen poco para hacer excepto decorar el jardín.

41. **La respuesta correcta es la (1). (Evaluación)** La ilustración implica que la razón de existencia de la OTAN (la Unión Soviética) ha desaparecido. Por lo tanto, el dibujante probablemente estaría de acuerdo con la idea de que un enemigo poderoso una vez más conduciría a una OTAN más fuerte.

42. **La respuesta correcta es la (3). (Aplicación)** El gobierno iraquí liderado por Saddam Hussein es una dictadura.

43. **La respuesta correcta es la (2). (Aplicación)** Gran Bretaña e Irlanda del Norte se consideran un ejemplo de monarquía constitucional. El gobernante actual es la Reina Isabel II.

44. **La respuesta correcta es la (3). (Evaluación)** Debido a que el Ejército Republicano de Irlanda se opone fuertemente al gobierno británico de Irlanda del Norte, el grupo probablemente lo denominaría dictadura.

45. **La respuesta correcta es la (1). (Evaluación)** La creencia en el derecho de los individuos a tener voz y voto en su gobierno es una creencia tradicional y fuertemente arraigada entre los estadounidenses.

46. **The correct answer is (1). (Analysis)** Child abuse would probably be the major concern of someone involved in child welfare, so choice (1) is correct. The growth in the number of children who are involved in random shootings might also be a concern, particularly in terms of preventing such behavior, but this would still come under the overall heading of preventing child abuse.

47. **The correct answer is (3). (Analysis)** Of the types of violence listed, the AARP would probably be most interested in crimes directly targeted at its members, the elderly.

48. **The correct answer is (3). (Analysis)** Street gangs are most often associated with drive-by and random shootings of members of other such gangs, either in retribution for past incidents or as a way to gain territory.

49. **The correct answer is (1). (Analysis)** As signatory of the Universal Declaration of Human Rights, the United States is bound to the precept that all American citizens accused of a crime in a foreign nation are subject to the laws of that nation. Given this fact, the consul may not request the release of the student for trial in the United States as a U.S. citizen.

50. **The correct answer is (3). (Analysis)** As mayor of Berlin, Willy Brandt had stood fast against crises created by the Soviet Union. As a natural ally of the United States and its political ideology, he would not fit into the description of a hard-liner making overtures to "the other side."

ANALYSIS CHART

Use this table to determine your areas of strength and areas in which more work is needed. The numbers in the boxes refer to the multiple-choice questions in the practice test.

Content Area	Comprehension	Application	Analysis	Evaluation	Score
U.S. History	9, 21, 24, 31, 32	33, 40, 36	27, 30, 35, 37	29	____ of 13
World History	28, 40, 8		10, 23, 50	41	____ of 7
Geography	11, 17	12, 18, 38, 39	13		____ of 7
Civics and Government	25	26, 42, 43	22, 46, 47, 48, 49	44, 45	____ of 13
Economics	1, 2, 5, 14, 19	4	3, 7, 16, 20	6, 15	____ of 12
Score	____ of 16	____ of 11	____ of 17	____ of 6	____ of 50

46. **La respuesta correcta es la (1). (Análisis)** El maltrato de menores probablemente sería la preocupación principal de una persona que trabaja para el bienestar de los niños, por lo que la opción (1) es correcta. El aumento en la cantidad de niños involucrados en tiroteos también podría ser una preocupación, especialmente en lo que respecta a la prevención de dicho comportamiento, pero aún así caería bajo la categoría prevención del maltrato de menores.

47. **La respuesta correcta es la (3). (Análisis)** De los tipos de violencia enumerados, el AARP (Asociación Estadounidense de Personas Retiradas) probablemente estaría más interesado en los delitos cometidos directamente contra sus miembros, los ancianos.

48. **La respuesta correcta es la (3). (Análisis)** Las pandillas callejeras generalmente están asociadas con tiroteos contra miembros de otras pandillas similares, ya sea en retribución por incidentes pasados o como una forma de ganar territorio.

49. **La respuesta correcta es la (1). (Análisis)** Como signatario de la Declaración Universal de Derechos Humanos, Estados Unidos está obligado al precepto de que todos los ciudadanos estadounidenses acusados de un delito en una nación extranjera quedarán sujetos a las leyes de esa nación. Por este hecho, el cónsul no puede solicitar la liberación del estudiante, como ciudadano estadounidense, para que se lo procese en los Estados Unidos.

50. **La respuesta correcta es la (3). (Análisis)** Como intendente de Berlín, Willy Brandt se opuso prontamente a las crisis generadas por la Unión Soviética. Como aliado natural de los Estados Unidos y su ideología política, no encajaría en la descripción de intransigente que muestra gestos de acercamiento al lado "contrario".

CUADRO DE ANÁLISIS

Utilice esta tabla para determinar sus áreas de destreza y aquellas que requieren mayor desarrollo. Los números en los casilleros se refieren a las preguntas de opción múltiple del examen de práctica.

Área de Contenido	Comprensión	Aplicación	Análisis	Evaluación	Puntaje
Historia Estadounidense	9, 21, 24, 31, 32	33, 40, 36	27, 30, 35, 37	29	_____de 13
Historia Mundial	28, 40, 8		10, 23, 50	41	_____de 7
Geografía	11, 17	12, 18, 38, 39	13		_____de 7
Educación Cívica y Gobierno	25	26, 42, 43	22, 46, 47, 48, 49	44, 45	_____de 13
Economía	1, 2, 5, 14, 19	4	3, 7, 16, 20	6, 15	_____de 12
Puntaje	_____de 16	_____de 11	_____de 17	_____de 6	_____de 50

Posttest
75 Minutes 50 Questions

ROAD MAP

- *Posttest*
- *Answer and Explanations*

Directions: Choose the <u>one best answer</u> for each item.

Items 1 and 2 are based on the following illustration.

1. In an attempt to better the lot of his people by channeling funds from his military defense budget to his economic development budget, the leader of one country made an innovative and courageous peace overture to an enemy of long standing. This ruler came from

   (1) 1.
   (2) 5.
   (3) 12.
   (4) 20.
   (5) 4.

2. The influence of Italy on the African continent has been minimal, but in a show of his "superior military power," Mussolini invaded and easily conquered a weak, unprepared African country. That country was

   (1) 5.
   (2) 11.
   (3) 12.
   (4) 13.
   (5) 19.

272

Examen Final
75 Minutos 50 Preguntas

Sinopsis

• *Examen Final*

• *Respuestas y Explicaciones*

Instrucciones: Seleccione la mejor respuesta a cada pregunta.

Las preguntas 1 y 2 se basan en la siguiente ilustración.

1. En un intento por mejorar el futuro de su pueblo mediante la canalización de fondos del presupuesto de defensa militar al de desarrollo económico, el líder de un país realizó una novedosa y valiente propuesta de paz a un viejo enemigo. Este gobernante era de

   (1)   1
   (2)   5
   (3)   12
   (4)   20
   (5)   4

2. La influencia de Italia en el continente africano ha sido mínima, pero en una demostración de su "poder militar superior", Mussolini invadió y conquistó con facilidad un debil y desprevenido país africano. Ese país fue

   (1)   5
   (2)   11
   (3)   12
   (4)   13
   (5)   19

273

Andrew Jackson (1767–1845) was elected president of the United States in 1828. Following are some highlights of his colorful life:

- At age thirteen, Jackson joined the Continental Army and fought the British in the Revolutionary War. When taken prisoner, Jackson refused to clean a British officer's boots, and the officer struck him in the head with a sword. The permanent scar became a lifelong reminder of his hatred for the British.

- In 1787, Jackson was admitted to the bar in North Carolina, where he practiced law for several years.

- In 1791, he married Rachel Donelson Robards, believing, as she herself believed, that she was legally divorced at the time. Three years later, this proved to be untrue and the couple had to remarry. The resulting scandal followed the pair for the rest of their lives.

- In 1796, Jackson was elected without opposition as Tennessee's first representative to the U.S. House of Representatives.

- In 1798, Jackson was elected to Tennessee's highest court, where he was noted for dispensing quick, fair justice.

- In 1806, he fought in a duel. Both men were shot, and his opponent died, although Jackson could have honorably prevented this death.

- In the War of 1812, Jackson rose to the rank of general and became a war hero through his successful leadership of American troops at the Battle of New Orleans. Later in his career, his political opponents charged him with murder for having approved the execution of several American soldiers for minor offenses during the war.

- As president, Jackson vetoed dozens of bills and grew powerful through the use of the spoils system.

- In 1835, he survived an assassination attempt. In 1837, he retired to his plantation after attending the inauguration of his handpicked successor, Martin Van Buren.

3. Jackson once said, "I believe that just laws can make no distinction of privilege between the rich and poor...." What part of his life could he cite to prove that he followed this belief?

    (1)   His marriage to Rachel Robards

    (2)   His being charged with the murder of several American soldiers during the War of 1812

    (3)   His time spent as a justice of the Tennessee Supreme Court

    (4)   His use of the spoils system

    (5)   His status as a hero of the War of 1812

Andrew Jackson (1767–1845) fue elegido presidente de los Estados Unidos en 1828. Estos son algunos de los hechos más importantes de su interesante vida:

- A los trece años, Jackson se unió al Ejército Continental y luchó contra los ingleses en la Guerra de la Revolución. Cuando fue tomado como prisionero, Jackson se negó a limpiarle las botas a un oficial inglés, quien lo golpeó en la cabeza con una espada. Esta cicatriz imborrable le recordó de por vida su odio a los ingleses.

- En 1787, Jackson fue aceptado por el colegio de abogados de Carolina del Norte, donde ejerció durante varios años.

- En 1791, contrajo matrimonio con Rachel Donelson Robards, de quien creía, al igual que ella, que estaba legalmente divorciada. Tres años después, se comprobó que no era así y la pareja tuvo que volver a casarse. Este escándalo los persiguió durante el resto de sus vidas.

- En 1796, Jackson fue elegido sin oposición como el primer representante de Tennessee que integraría la Cámara de Representantes de los Estados Unidos.

- En 1798, fue elegido miembro de la Corte Suprema de Tennessee, donde se destacó por impartir justicia de manera rápida e imparcial.

- En 1806, participó de un duelo. Los dos hombres resultaron heridos y su oponente murió, aunque Jackson podría haber evitado esto honorablemente.

- En la Guerra de 1812, Jackson fue ascendido a general y se convirtió en héroe de guerra por el éxito obtenido como líder de las tropas estadounidenses en la Batalla de Nueva Orleans. Posteriormente, sus oponentes políticos lo acusaron de homicidio por haber aprobado la ejecución de varios soldados estadounidenses que habían cometido delitos menores durante la guerra.

- Durante su presidencia, Jackson vetó docenas de proyectos de ley e incrementó su poder mediante el pago de sobornos.

- En 1835, sobrevivió a un intento de asesinato. En 1837, se retiró a su plantación luego de asistir a la asunción de su cuidadosamente elegido sucesor: Martin Van Buren.

3. Jackson una vez dijo: "Creo que las leyes justas no pueden marcar diferencias en cuanto a los privilegios entre ricos y pobres..." ¿Qué parte de su vida podría citar para demostrar que él siguió esta creencia?

   (1) Su matrimonio con Rachel Robards.
   (2) La acusación de homicidio de varios soldados estadounidenses durante la Guerra de 1812.
   (3) Su época como juez de la Corte Suprema de Tennessee.
   (4) La utilización de sobornos.
   (5) Su carácter de héroe de la Guerra de 1812.

4. Senator Henry Clay once described Jackson as "corrupt." What fact of Jackson's life might Clay have cited to prove his charge?

    (1)   His manipulation of the spoils system
    (2)   His joining of the Continental Army at age thirteen
    (3)   The duel he fought in which both he and his opponent were shot
    (4)   His almost lifelong hatred of the British
    (5)   His election as Tennessee's first representative to the U.S. Congress

5. Jackson was known throughout his life for sometimes behaving in a rash manner. Which of his actions could be cited to support this point of view?

    (1)   Studying law and being admitted to the bar
    (2)   Marrying a woman whose marital status was later questioned
    (3)   Retiring to his plantation after his two terms as president and hating the British
    (4)   Joining the army at thirteen and fighting a duel
    (5)   Becoming a hero of the War of 1812 and serving on the Tennessee Supreme Court

6. In which two American wars did Andrew Jackson participate?

    (1)   The Revolutionary War and the War of 1812
    (2)   The Civil War and the Spanish-American War
    (3)   World War I and World War II
    (4)   The Korean War and the Vietnam War
    (5)   The Crimean War and the Russo-Japanese War

7. In the Battle of New Orleans, British casualties numbered 2,000 whereas American casualties were only 21. What might be inferred about Jackson's military skills from this fact?

    (1)   The British troops were poorly trained
    (2)   The American troops had more and better weapons than the British did
    (3)   Jackson was an able military commander
    (4)   Jackson's infamous temper caused his chief military subordinates to do anything to win
    (5)   Jackson made a much better military leader than president

8. President Jackson vetoed the bill to recharter the Bank of the United States. As a result, "pet" banks began to print money and make new loans with little backing. Issuing new money and making loans in this way most likely resulted in

    (1)   a severe depression.
    (2)   severe inflation.
    (3)   more unemployment.
    (4)   decreased spending.
    (5)   a trade deficit.

4. En una ocasión, el senador Henry Clay describió a Jackson como "corrupto". ¿Qué hecho de la vida de Jackson puede haber citado Clay para comprobar su denuncia?

(1) La existencia de sobornos.

(2) El haberse unido al Ejército Continental a la edad de trece años.

(3) El duelo en que tanto él como su oponente resultaron heridos.

(4) Su odio de casi toda la vida a los ingleses.

(5) Su elección como primer representante de Tennessee en el Congreso de los Estados Unidos.

5. Durante toda su vida, Jackson fue famoso por comportarse, a veces, de manera impetuosa. ¿Cuál de sus acciones podría citarse como evidencia de este punto de vista?

(1) Estudiar derecho y ser admitido en el colegio de abogados.

(2) Casarse con una mujer cuyo estado civil fue cuestionado posteriormente.

(3) Retirarse a su plantación tras sus dos mandatos presidenciales y odiar a los ingleses.

(4) Unirse al ejército a los trece años y batirse a duelo.

(5) Convertirse en héroe de la Guerra de 1812 y ejercer en la Corte Suprema de Tennessee.

6. ¿En qué dos guerras estadounidenses participó Andrew Jackson?

(1) La Guerra de la Revolución y la Guerra de 1812.

(2) La Guerra Civil y la Guerra Hispano-Americana.

(3) La Primera y la Segunda Guerra Mundial.

(4) La Guerra de Corea y la Guerra de Vietnam.

(5) La Guerra de Crimea y la Guerra Ruso-Japonesa.

7. En la Batalla de Nueva Orleans, las bajas británicas llegaron a 2,000 mientras que las estadounidenses sólo fueron 21. ¿Qué se puede inferir de las habilidades militares de Jackson basándose en este hecho?

(1) Las tropas británicas tenían poco entrenamiento.

(2) Las tropas estadounidenses tenían más y mejores armas que los británicos.

(3) Jackson era un comandante militar capaz.

(4) El mal carácter de Jackson causó que sus principales subordinados militares hicieran todo para ganar.

(5) Jackson fue mejor como líder militar que como presidente.

8. El Presidente Jackson vetó el proyecto de ley para reautorizar al Banco de los Estados Unidos. Como consecuencia, los bancos "preferidos" comenzaron a imprimir dinero y a realizar nuevos préstamos con poco respaldo. La emisión de dinero y los préstamos de esta manera probablemente resultaron en

(1) una severa depresión.

(2) gran inflación.

(3) más desempleo.

(4) menos gastos.

(5) déficit comercial.

Item 9 refers to the following cartoon.

"What it says isn't always what it means"

9. This cartoon refers to which principle of American government?

    (1) Separation of church and state
    (2) Checks and balances
    (3) Judicial review
    (4) Equality before the law
    (5) Bill of rights

10. Which of the following resulted from the Cuban Missile Crisis of October, 1963?

    (1) Cuba was subsequently invaded unsuccessfully by 1,000 U.S. trained anti-Castro troops.
    (2) Castro was temporarily removed from power, but then regained power several years later.
    (3) Soviet missiles were removed from Cuba, and U.S. Jupiter missiles were later removed from Turkey.
    (4) The United States diplomatically recognized Castro's Cuba.
    (5) Free travel between Cuba and the United States began.

La pregunta 9 se basa en la siguiente ilustración.

"Lo que dice no es siempre lo que significa".

9. ¿A cuál principio del gobierno estadounidense hace referencia esta caricatura?

    (1)   La separación de la iglesia y el estado.

    (2)   División de poderes.

    (3)   Revisión judicial

    (4)   Igualdad ante la ley.

    (5)   La Declaración de Derechos.

10. ¿Cuál de los siguientes puntos surgieron de la Crisis de los Misiles Cubanos de octubre de 1963?

    (1)   1,000 tropas anti-Castro entrenadas invadieron Cuba sin éxito.

    (2)   Se destituyó temporariamente a Castro del poder, pero luego recuperó su cargo años más tarde.

    (3)   Se retiraron los misiles soviéticos de Cuba y luego los misiles Júpiter de Turquía.

    (4)   Estados Unidos reconoció diplomáticamente que Cuba estaba bajo el poder de Castro.

    (5)   Comenzó el libre tránsito entre Cuba y Estados Unidos.

11. For a treaty to be ratified in the American political system, what must happen?

    (1)   The president must include leaders of both houses of Congress in the negotiations.

    (2)   The House of Representatives and the U.S. Senate must approve the treaty by a majority vote.

    (3)   The Senate must approve by a three-quarters vote.

    (4)   The House must approve by a majority, the Senate must approve by a two-thirds vote.

    (5)   The Senate must approve by a two-thirds vote.

12. If you were to locate the majority of Americans on the "political spectrum"—left, center, or right—that majority would be found at or on the political

    (1)   left.

    (2)   center.

    (3)   right.

    (4)   far left.

    (5)   far right.

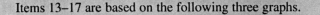

Items 13–17 are based on the following three graphs.

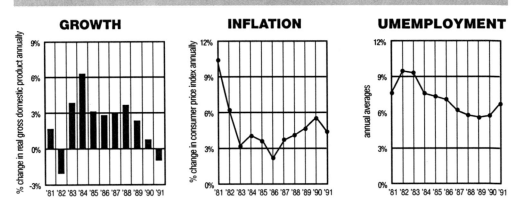

13. The two-year period with the greatest percent change in the rate of inflation was the period from

    (1)   1989–1991.

    (2)   1981–1983.

    (3)   1984–1986.

    (4)   1988–1990.

    (5)   1985–1987.

14. Which statement best describes the relationship shown by the charts between the growth of the gross domestic product and the rate of unemployment?

    (1)   A low rate of growth is often linked to high or rising unemployment.

    (2)   A high rate of growth is often linked to high or rising unemployment.

    (3)   A low or falling rate of unemployment is often linked to a low rate of growth.

    (4)   A high or rising rate of unemployment is often linked to moderate growth.

    (5)   A negative rate of growth is often linked to a low or falling rate of unemployment.

11. Para ratificar un tratado en el sistema político estadounidense, ¿qué debe suceder?

    (1)   El presidente debe incluir líderes de ambas cámaras del Congreso en las negociaciones.

    (2)   La Cámara de Representantes y el Senado de los Estados Unidos deben aprobar el tratado con mayoría de votos.

    (3)   El Senado debe aprobarlo con tres cuartos de los votos.

    (4)   La Cámara debe aprobarlo por mayoría, el Senado con dos tercios de los votos.

    (5)   El Senado debe aprobarlo con dos tercios de los votos.

12. Si tuviera que ubicar a la mayoría de los estadounidenses en el "espectro político"—izquierda, centro o derecha—esa mayoría sería

    (1)   de izquierda.

    (2)   del centro.

    (3)   de derecha.

    (4)   por lejos de izquierda.

    (5)   por lejos de derecha.

Las preguntas 13 a 17 se basan en las siguientes tres gráficas.

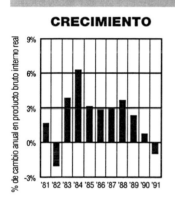

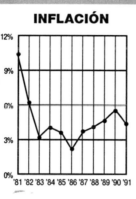

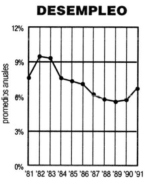

13. El período de dos años con el mayor cambio de porcentaje de la tasa de inflación fue entre

    (1)   1989–1991.

    (2)   1981–1983.

    (3)   1984–1986.

    (4)   1988–1990.

    (5)   1985–1987.

14. ¿Cuál de las siguientes afirmaciones describe mejor la relación que se muestra en el cuadro entre el crecimiento del producto bruto interno y la tasa de desempleo?

    (1)   Una tasa de crecimiento baja a menudo está relacionada con un desempleo alto o en aumento.

    (2)   Una tasa de crecimiento alta a menudo está relacionada con un desempleo alto o en aumento.

    (3)   Una tasa de desempleo baja o decreciente a menudo está relacionada con una tasa de crecimiento también baja.

    (4)   Una tasa de desempleo alta o en aumento a menudo está relacionada con un crecimiento moderado.

    (5)   Una tasa negativa de crecimiento a menudo está relacionada con una tasa de desempleo baja o decreciente.

15. The greatest decrease in the growth of the gross domestic product was from

(1) 1981–1982.
(2) 1984–1985.
(3) 1988–1990.
(4) 1988–1991.
(5) 1985–1987.

16. These graphs could help a person determine the best time to look for a new job. Such a time would be when

(1) inflation is rising, unemployment is falling, and economic growth is rising.
(2) inflation is falling, unemployment is rising, and economic growth is falling.
(3) inflation is falling, unemployment is falling, and economic growth is rising.
(4) inflation is falling, unemployment is falling, and economic growth is falling.
(5) inflation is rising, unemployment is rising, and economic growth is rising.

17. The U.S. economy showed strong growth between 1983 and 1989. The most likely cause was

(1) an increase in the number of immigrants to the United States between 1981 and 1990.
(2) the falling rate of inflation between 1981 and 1986.
(3) the reelection of President Ronald Reagan in 1984.
(4) the falling rate of unemployment between 1983 and 1989.
(5) the strengthening of the European Common Market in the 1980s.

Items 18–22 refer to the following passage.

In June 1991, Mount Pinatubo in the Philippines began one of the most violent volcanic eruptions of the twentieth century. More than 200,000 acres were covered with a thick coat of volcanic ash, pumice, and debris. In some places the coating grew to 15 feet thick. More than 600 people died. Some were killed by the ash itself. Many others died from inhaling the deadly gases Mount Pinatubo gave off. Experts believe that the gases and ash thrown into the upper atmosphere were the cause of below-average worldwide temperatures the following year. Each year's monsoon season for the decade following the 1991 explosion is expected to cause avalanches. About half of the 7 billion cubic meters of volcanic material deposited on Mount Pinatubo's slopes is likely to wash down into the plains below.

18. What was the major worldwide effect of Mount Pinatubo's explosion in 1991?

(1) Avalanches
(2) A thick coat of ash
(3) Monsoons
(4) Cooling temperatures
(5) Deadly gases

19. According to the passage, avalanches are predicted during each monsoon season until at least what year?

(1) 1991
(2) 1992
(3) 1995
(4) 2000
(5) 2001

15. La mayor disminución del crecimiento del producto bruto interno fue en

    (1)   1981–1982.

    (2)   1984–1985.

    (3)   1988–1990.

    (4)   1988–1991.

    (5)   1985–1987.

16. Estas gráficas podrían ayudar a una persona a determinar el mejor momento para buscar trabajo. Dicho momento sería cuando

    (1)   la inflación sube, el desempleo baja y el crecimiento económico aumenta.

    (2)   la inflación baja, el desempleo sube y el crecimiento económico disminuye.

    (3)   la inflación sube, el desempleo baja y el crecimiento económico aumenta.

    (4)   la inflación, el desempleo y el crecimiento económico bajan.

    (5)   la inflación, el desempleo y el crecimiento económico suben.

17. La economía estadounidense tuvo un gran crecimiento entre 1983 y 1989. La causa más probable fue

    (1)   un aumento de la cantidad de inmigrantes a los Estados Unidos entre 1981 y 1990.

    (2)   la tasa de inflación decreciente entre 1981 y 1986.

    (3)   la reelección del Presidente Ronald Reagan en 1984.

    (4)   la tasa de desempleo decreciente entre 1983 y 1989.

    (5)   el fortalecimiento del Mercado Común Europeo en la década de 1980.

> Las preguntas 18 a 22 se basan en el siguiente fragmento.

En junio de 1991, el Monte Pinatubo en las Filipinas estalló en una de las erupciones volcánicas más violentas del siglo veinte. Más de 200,000 acres se cubrieron de una gruesa capa de ceniza volcánica, piedra pómez y desechos. En algunos lugares la capa llegó a tener 15 pies de grosor. Más de 600 personas perdieron la vida. Algunos murieron por la misma ceniza; muchos otros por la inhalación de gases letales que despedía el Monte Pinatubo. Los expertos creen que los gases y la ceniza en la atmósfera superior fueron la causa de las bajas temperaturas mundiales al año siguiente. Se espera que la temporada de monzones de cada año de la década siguiente a la explosión de 1991 cause avalanchas. Alrededor de la mitad de los 7,000 millones de metros cúbicos de material volcánico depositado en las laderas del Monte Pinatubo probablemente bañen las planicies que se encuentran debajo.

18. ¿Cuál fue el principal efecto mundial de la explosión del Monte Pinatubo en 1991?

    (1)   Avalanchas.

    (2)   Una gruesa capa de ceniza.

    (3)   Monzones.

    (4)   Bajas temperaturas.

    (5)   Gases letales.

19. De acuerdo con el fragmento, ¿hasta por lo menos qué año se esperan avalanchas durante la temporada de monzones?

    (1)   1991.

    (2)   1992.

    (3)   1995.

    (4)   2000.

    (5)   2001.

20. To prevent more death and destruction from Mount Pinatubo's mud slides, a reasonable policy would be to

(1) plant grasses and crops.
(2) blow up the mountain.
(3) pray for dry weather.
(4) do nothing.
(5) relocate people to a safe area.

21. The eruption created more than 60,000 refugees, many of them farmers and their families. The U.S. government sent $400 million in aid to help these people, but criticized the way some of it was spent by the Philippine government. Philippine officials used much of the money to build four-lane highways and tall concrete buildings. What was the probable reason for American criticism of this use of the money?

(1) Not enough American contractors were used on the construction projects.
(2) The $400 million was not enough to build all the highways that the Philippine officials wanted to construct.
(3) The highways and tall buildings did not help the 60,000 refugees recover their lost farms and villages.
(4) The highways were poorly constructed and were damaged in the next monsoon season.
(5) American officials were not sure that the highways and tall buildings would withstanda possible future eruption of Mount Pinatubo.

22. According to the passage, people were killed by falling ash and

(1) monsoons.
(2) cooling temperatures.
(3) avalanches.
(4) falling buildings.
(5) deadly gases.

23. From 1866 to 1915, around 25 million immigrants came to America. The main reason behind this massive influx was probably

(1) the desire for economic betterment.
(2) industrial expansion and increased use of farm machinery in Europe.
(3) political and religious persecution.
(4) improved transportation technology.
(5) fear of the restrictive immigration laws soon to come.

24. Which of the following is a political characteristic found in both the United States and Great Britain?

(1) A vote of "no confidence"
(2) Popular elections
(3) A unitary system
(4) The fusion of executive and legislative branches
(5) A hereditary ruler

20. A fin de evitar más muertes y destrucción por los deslizamientos de tierra del Monte Pinatubo, una política razonable sería

    (1)   plantar césped y cultivos.

    (2)   volar la montaña.

    (3)   rezar para que haya un clima seco.

    (4)   no hacer nada.

    (5)   mudar a la población a un área segura.

21. La erupción provocó más de 60,000 refugiados, muchos de ellos granjeros y sus familias. El gobierno de los Estados Unidos envió $400 millones para ayudar a esta gente pero criticó la manera en que el gobierno filipense gastó parte de estos fondos. Los funcionarios filipenses utilizaron gran parte de este dinero para construir autopistas con cuatro carriles y altos edificios de concreto. ¿Cuál fue posiblemente la razón por la que Estados Unidos criticó este uso del dinero?

    (1)   No se emplearon suficientes contratistas estadounidenses en los proyectos de construcción.

    (2)   Los $400 millones no fueron suficientes para construir todas las autopistas que deseaban los funcionarios filipenses.

    (3)   Las autopistas y los edificios no ayudaron a los 60,000 refugiados a recuperar su granjas y pueblos perdidos.

    (4)   Las autopistas estaban mal construidas y sufrieron daños la siguiente temporada de monzones.

    (5)   Los funcionarios estadounidenses no estaban seguros de que las autopistas y los edificios soportarían una posible erupción futura del Monte Pinatubo.

22. De acuerdo con el fragmento, las personas morían por la ceniza que caía y

    (1)   por los monzones.

    (2)   por las bajas temperaturas.

    (3)   por las avalanchas.

    (4)   por el derrumbe de los edificios.

    (5)   por los gases letales.

23. De 1866 a 1915, aproximadamente 25 millones de inmigrantes vinieron a Estados Unidos. La razón principal detrás de esta afluencia masiva probablemente fue

    (1)   el deseo de crecer económicamente.

    (2)   la expansión industrial y el mayor uso de maquinarias agrícolas en Europa.

    (3)   la persecusión política y religiosa.

    (4)   las mejoras en la tecnología de transporte.

    (5)   el miedo a las leyes de inmigración restrictivas que se implementarían.

24. ¿Cuál de las siguientes es una característica política presente tanto en los Estados Unidos como en Gran Bretaña?

    (1)   El voto de "censura".

    (2)   Las elecciones populares.

    (3)   Un sistema unitario.

    (4)   La fusión del poder legislativo y ejecutivo.

    (5)   El gobierno hereditario.

25. The concept of "collective security" is most closely associated with

    (1)   North Atlantic Treaty Organization.
    (2)   League of Nations.
    (3)   United Nations General Assembly.
    (4)   European Union.
    (5)   NAFTA.

26. The names of Colin Powell, Henry Kissinger, Cyrus Vance, John Foster Dulles, and Dean Rusk are all associated with the position of

    (1)   National Security Adviser.
    (2)   Secretary of Defense.
    (3)   Secretary of the Treasury.
    (4)   Secretary of State.
    (5)   U.N. Ambassador.

27. The nine justices of the U.S. Supreme Court all receive lifetime appointments. In which of the following ways are their decisions probably most affected by this fact?

    (1)   Because they have federal appointments, they probably favor the federal government over state governments when the two are on opposite sides of an issue.
    (2)   They work more slowly and carefully than they might if some oversight group could set the pace.
    (3)   They probably tend to follow the beliefs of the president who nominated them.
    (4)   They probably tend to become independent thinkers because they are not accountable to any politician or party.
    (5)   They probably rely more heavily on initial drafts of decisions that are written by their law clerks.

25. El concepto de "seguridad colectiva" se asocia más estrechamente con

(1)   La Organización del Tratado del Atlántico Norte.

(2)   La Liga de las Naciones.

(3)   La Asamblea General de las Naciones Unidas.

(4)   La Unión Europea.

(5)   El NAFTA (Acuerdo de Libre Comercio en Norteamérica).

26. Los nombres Colin Powell, Henry Kissinger, Cyrus Vance, John Foster Dulles y Dean Rusk están asociados con el cargo de

(1)   Consejero de Seguridad Nacional.

(2)   Secretario de Defensa.

(3)   Secretario del Tesoro.

(4)   Secretario de Estado.

(5)   Embajador de las Naciones Unidas.

27. Los nueve jueces que componen la Corte Suprema de los Estados Unidos son designados de por vida. ¿De qué manera podría este hecho afectar sus dictámenes?

(1)   Debido a que tienen designaciones federales, probablemente favorecen al gobierno federal más que al estatal cuando los dos están enfrentados.

(2)   Trabajan con mayor lentitud y cuidado de lo que lo harían si un grupo de supervisión fijara el ritmo.

(3)   Probablemente tienden a seguir las creencias del presidente que los designó.

(4)   Probablemente tienden a ser pensadores independientes ya que no responden a ningún político o partido.

(5)   Probablemente confían más en los proyectos iniciales de fallos que redactan sus secretarios judiciales.

Items 28–31 refer to the following chart.

U.S. NATIONAL PARKS AND THEIR VISITORS

Year	No. of Parks	No. of Visitors (in thousands)
1970	35	45,879
1960	29	26,630
1950	28	13,919
1940	26	7,358
1930	22	2,775
1920	19	920
1910	13	119

28. How many visits were made to U.S. national parks in 1960?

   (1)   29
   (2)   26,630
   (3)   12,711
   (4)   26.63 million
   (5)   29 million

29. The number of national parks almost tripled between 1910 and 1970, but the number of visits increased at a much higher rate. Two of the oldest parks, Yellowstone and Yosemite, continue to have among the largest numbers of visitors per year. What factors probably best account for this great increase in visits?

   (1)   A general increase in the U.S. population and more leisure time
   (2)   A vastly improved transportation system and more leisure time
   (3)   Creation of new parks close to large metropolitan areas and a general increase in U.S. population
   (4)   Better advertising about improved park facilities and an increased interest nationally in ecology and the environment
   (5)   Improved security services within the parks and an increase in the amount of disposable income available to most Americans

30. Between which years did the smallest actual increase in visits take place?

   (1)   1960 and 1970
   (2)   1920 and 1930
   (3)   1910 and 1920
   (4)   1950 and 1960
   (5)   1930 and 1940

31. The factor that has contributed most to the growth in the number of national parks, as well as in the numbers of national historic sites, battlefields, and monuments, has been

   (1)   the general growth of the federal government in the twentieth century.
   (2)   the growth of the amount of leisure time for most Americans in the twentieth century.
   (3)   a general American belief that national historic and natural sites of interest should be preserved for future generations to enjoy.
   (4)   the increasing number of states in the western United States that were admitted to the Union in the first half of the twentieth century.
   (5)   the inability of state governments to care adequately for various sites because of local financial problems.

Las preguntas 28 a 31 se basan en el siguiente cuadro.

PARQUES NACIONALES DE LOS ESTADOS UNIDOS Y SUS VISITANTES

Año	N° de Parques	N° de Visitantes (en miles)
1970	35	45,879
1960	29	26,630
1950	28	13,919
1940	26	7,358
1930	22	2,775
1920	19	920
1910	13	119

28. ¿Cuántas visitas se realizaron a los parques nacionales estadounidenses en 1960?

(1)   29.

(2)   26,630.

(3)   12,711.

(4)   26.63 millones.

(5)   29 millones.

29. La cantidad de parques prácticamente se triplicó entre 1910 y 1970, pero la cantidad de visitas aumentó en una proporción mucho mayor. Dos de los parques más antiguos, Yellowstone y Yosemite, aún se encuentran entre los más visitados anualmente. ¿Qué factores podrían explicar este gran incremento en las visitas?

(1)   Un aumento general de la población estadounidense y mayor tiempo libre.

(2)   Notables mejoras en el sistema de transporte y más tiempo libre.

(3)   La creación de nuevos parques cerca de grandes áreas metropolitanas y un aumento general de la población estadounidense.

(4)   Mejor publicidad de las instalaciones mejoradas del parque y un aumento del interés nacional en la ecología y el medio ambiente.

(5)   La mejora en los servicios de seguridad dentro de los parques y un incremento en los ingresos disponibles de la población estadounidense.

30. ¿Entre qué años tuvo lugar el menor aumento real en el número de visitas?

(1)   1960 y 1970.

(2)   1920 y 1930.

(3)   1910 y 1920.

(4)   1950 y 1960.

(5)   1930 y 1940.

31. El factor que más contribuyó al aumento en la cantidad de parques nacionales, así como también en la cantidad de sitios históricos nacionales, campos de batalla y monumentos ha sido

(1)   el crecimiento general del gobierno federal en el siglo veinte.

(2)   la mayor disponibilidad de tiempo libre de la mayoría de los estadounidenses en el siglo veinte.

(3)   la creencia general estadounidense de que los sitios de interés naturales e históricos a nivel nacional deberían preservarse para las generaciones futuras.

(4)   la creciente cantidad de estados de la parte oeste de los Estados Unidos que se admitieron en la Unión durante la primera mitad del siglo veinte.

(5)   la incapacidad de los gobiernos estatales para cuidar adecuadamente diversos sitios debido a problemas financieros locales.

32. The consumer price index (CPI) is used to measure inflation, or a general rise in prices. The index measures the prices of a "typical consumer's market basket" of goods and services. Which of the following items would not be in this market basket?

    (1)　Mortgage payment
    (2)　Meat
    (3)　Automobiles
    (4)　Medical care
    (5)　Wages

33. For years, the United States took a hard-line stance against the communist Soviet Union. Now we are friendly and helpful toward Russia, the largest republic to result from the breakup of the Soviet Union. This change shows that U.S. foreign policy

    (1)　is flexible enough to change when circumstances change.
    (2)　reflects a wishy-washy attitude toward world events.
    (3)　is staunchly against communism.
    (4)　is subject to the whims of the president.
    (5)　has not changed for at least fifty years.

34. During the last half of the nineteenth century, an important aim of Japan in modernizing itself was to

    (1)　improve the living conditions of the peasants.
    (2)　remove the Western European nations from China.
    (3)　resist threats of foreign domination.
    (4)　increase the power of the feudal lords.
    (5)　extend equal rights to Japanese women.

35. Which of the following is an "intangible component" of national/international power?

    (1)　National will
    (2)　Number of troops in the army
    (3)　Economic productivity and growth rates
    (4)　The trade balance—export vs. import revenue
    (5)　The Gross Domestic Product

36. In which one of the following paired events, did the first lead directly to the second?

    (1)　Assassination of John Kennedy—immediate swearing-in of Gerald Ford
    (2)　Bombing of Pearl Harbor—annexing Hawaii by the United States of America
    (3)　Failure of the League of Nations—World War I
    (4)　Purchase of Alaska—cold war with Russia
    (5)　Assassination of President Garfield—passage of the Pendleton Civil Service Act

32. El índice de precios al consumidor (IPC) se utiliza para medir la inflación o un incremento general de precios. El índice mide los precios de los productos y servicios en una "canasta de mercado de un consumidor típico". ¿Cuál de los siguientes puntos no estaría incluído en esta canasta de mercado?

(1)   El pago de una hipoteca.

(2)   La carne.

(3)   Los automóviles.

(4)   La asistencia médica.

(5)   Los salarios.

33. Durante años, Estados Unidos asumió una postura intransigente en contra de la Unión Soviética comunista. Actualmente, se sostiene una buena relación con Rusia, la república más grande que surgió de la división de la Unión Soviética. Este cambio demuestra que la política exterior de los Estados Unidos

(1)   es lo suficientemente flexible como para cambiar junto con las circunstancias.

(2)   refleja una actitud débil ante los eventos mundiales.

(3)   está totalmente en contra del comunismo.

(4)   está sujeta a los caprichos del presidente.

(5)   no ha cambiado durante al menos cincuenta años.

34. Durante la segunda mitad del siglo diecinueve, un importante objetivo de Japón para modernizarse fue

(1)   mejorar las condiciones de vida de los campesinos.

(2)   expulsar a las naciones europeas occidentales de China.

(3)   resistir las amenazas de dominio extranjero.

(4)   aumentar el poder de los señores feudales.

(5)   extender la igualdad de derechos a las mujeres japonesas.

35. ¿Cuál de los siguientes es un "componente intangible" del poder nacional/internacional?

(1)   La voluntad nacional.

(2)   La cantidad de tropas en el ejército.

(3)   La productividad económica y la tasa de crecimiento.

(4)   La balanza comercial: exportaciones contra importaciones.

(5)   El Producto Bruto Interno.

36. ¿En cuál de los siguientes pares de eventos el primero condujo directamente al segundo?

(1)   El asesinato de John Kennedy y la jura inmediata de Gerald Ford.

(2)   El bombardeo a Pearl Harbor y la anexión de Hawaii por parte de los Estados Unidos de América.

(3)   El fracaso de la Liga de las Naciones y la Primera Guerra Mundial.

(4)   La adquisición de Alaska y la guerra fría con Rusia.

(5)   El asesinato del Presidente Garfield y la aprobación de la Ley Pendleton de Servicio Civil.

Item 37 is based on the following table.

PROJECTED POPULATION OF SOME GROUPS OF PEOPLE WITHIN THE UNITED STATES
(number in millions)

Group	Year 2000	Year 2050	Year 2080
Male, White	108.8	105.6	103.6
Female, White	112.7	116.2	108.7
Male, Black	16.7	22.4	22.6
Female, Black	18.3	24.7	25.0

37. Which statement best summarizes the content of the table?

   (1)   The number of blacks in the United States will increase between the years 2000 and 2080.

   (2)   The number of blacks in the United States will show the greatest percentage of increase between the years 2000 and 2050.

   (3)   The number of white females in the United States will increase between the years 2000 and 2050.

   (4)   The number of whites in the United States will be greater than the number of blacks in the years between 2000 and 2080.

   (5)   The total number of blacks in the United States will increase between the years 2000 and 2080 both in actual numbers and in relation to the total number of whites.

38. George Washington set a precedent by not running for a third term as president. Later this practice became law. Why is a two-term limit a good policy for the country?

   (1)   Most people are too tired after two terms as president to be effective during a third term.

   (2)   Many people want to be president, and it's not fair to them if one person has the job too long.

   (3)   One person should not have so much power for such a long period of time.

   (4)   Members of Congress object to the predictable policies of one president.

   (5)   Most citizens get tired of listening to one leader after eight years and need to hear from someone else.

39. U.S. senators are elected for six-year terms. They are expected to represent the interests of their states and to take a long-range view of the needs of the entire country. Which qualities or experiences would be least useful for a U.S. senator to have?

   (1)   An ability to reach compromises on important issues

   (2)   A clear understanding of the meaning of the Constitution

   (3)   Strong financial and business skills

   (4)   Strong ties to a foreign government

   (5)   A good public speaking style

La pregunta 37 se basa en la siguiente tabla.

POBLACIÓN PROYECTADA DE CIERTOS GRUPOS POBLACIONALES DENTRO DE LOS ESTADOS UNIDOS
(números expresados en millones)

Grupo	Año 2000	Año 2050	Año 2080
Hombre, Blanco	108.8	105.6	103.6
Mujer, Blanca	112.7	116.2	108.7
Hombre, Negro	16.7	22.4	22.6
Mujer, Negra	18.3	24.7	25.0

37. ¿Cuál de las siguientes afirmaciones resume mejor el contenido de la tabla?

    (1) La cantidad de negros en los Estados Unidos aumentará entre los años 2000 y 2080.

    (2) La cantidad de negros en los Estados Unidos mostrará el mayor porcentaje de aumento entre los años 2000 y 2050.

    (3) La cantidad de negros en los Estados Unidos aumentará entre los años 2000 y 2050.

    (4) La cantidad de blancos en los Estados Unidos será mayor que la cantidad de negros entre los años 2000 y 2080.

    (5) La cantidad total de negros en los Estados Unidos aumentará entre los años 2000 y 2080 tanto en números reales como en comparación con la cantidad total de blancos.

38. George Washington sentó precedente al no ocupar el cargo para un tercer mandato como presidente. Más tarde, esta práctica se convirtió en ley. ¿Por qué el límite de dos mandatos es una buena política para el país?

    (1) La mayoría de los gobernantes se sienten exhaustos tras dos presidencias como para desempeñarse eficazmente en una tercera.

    (2) Muchos desean ser presidente y no es justo para ellos que una misma persona ocupe el cargo demasiado tiempo.

    (3) Una persona no debería tener tanto poder durante un período tan prolongado.

    (4) Los miembros del Congreso se oponen a las políticas predecibles de un presidente.

    (5) La mayoría de los ciudadanos se cansan de escuchar a un líder después de ocho años y necesitan oír a otra persona.

39. Los senadores estadounidenses se eligen por períodos de seis años. Se espera que representen los intereses de sus estados y tengan un conocimiento amplio de las necesidades de todo el país. ¿Qué cualidades o experiencia serían menos útiles para un senador estadounidense?

    (1) La habilidad para llegar a un acuerdo en temas importantes.

    (2) Una comprensión clara de la Constitución.

    (3) Fuerte capacidad financiera y comercial.

    (4) Fuertes vínculos con un gobierno extranjero.

    (5) Un buen estilo de oratoria.

40. If the demand for automobiles increases, but the supply does not change, what will happen to the price and the quantity exchanged?

    (1) They will stay the same.
    (2) The price and the quantity exchanged will increase.
    (3) The price will increase and the quantity exchanged will decrease.
    (4) The price will decrease and the quantity exchanged will increase.
    (5) The price will stay the same and the quantity exchanged will increase.

    Items 41 and 42 refer to the following information.

The table below shows the number of widgets produced by ABC Widget Company if it adds workers without changing any other economic resource.

Number of Workers	Total Widgets Produced	Number Added
1	50	—
2	110	60
3	160	50
4	200	40
5	230	30

41. Based on the table, which added worker makes the greatest contribution to the total output of widgets?

    (1) First
    (2) Second
    (3) Third
    (4) Fourth
    (5) Fifth

42. The law of diminishing returns takes effect with the addition of which worker?

    (1) First
    (2) Second
    (3) Third
    (4) Fourth
    (5) Fifth

43. The right to use the airways is controlled by the government in which of the following countries?

    I.   the former Soviet Union
    II.   the United States
    III. Great Britain
    IV.   Lebanon
    V.   Israel

    (1) I and IV only
    (2) I and III only
    (3) I, II, and III only
    (4) I and II only
    (5) I, II, III, IV, and V

40. Si la demanda de automóviles aumenta pero la oferta no cambia ¿qué sucederá con el precio y la cantidad intercambiada?

    (1)   Permanecerán iguales.

    (2)   El precio y la cantidad aumentarán.

    (3)   El precio aumentará y la cantidad disminuirá.

    (4)   El precio disminuirá y la cantidad aumentará.

    (5)   El precio permanecerá igual y la cantidad aumentará.

Las preguntas 41 y 42 se basan en la siguiente información.

La tabla a continuación muestra la cantidad de objetos producidos por una determinada compañía si suma trabajadores sin cambiar ningún otro recurso económico.

Cantidad de Obreros	Cantidad de Objetos Producidos	Cantidad Sumada
1	50	—
2	110	60
3	160	50
4	200	40
5	230	30

41. Basándose en la tabla, ¿cuál de los nuevos trabajadores realiza la mayor contribución a la producción total?

    (1)   El primero.

    (2)   El segundo.

    (3)   El tercero.

    (4)   El cuarto.

    (5)   El quinto.

42. ¿Con la suma de qué trabajador entra en vigencia la ley de rendimientos decrecientes?

    (1)   El primero.

    (2)   El segundo.

    (3)   El tercero.

    (4)   El cuarto.

    (5)   El quinto.

43. ¿En cuál de los siguientes países el gobierno controla el derecho a utilizar las rutas aéreas?

    I.   La ex Unión Soviética.

    II.   Los Estados Unidos.

    III.   Gran Bretaña.

    IV.   El Líbano.

    V.   Israel.

    (1)   Únicamente I y IV.

    (2)   Únicamente I y III.

    (3)   Únicamente I, II y III.

    (4)   Únicamente I y II.

    (5)   I, II, III, IV y V.

44. In which United Nations body are all member states represented?

    (1)   Security Council

    (2)   Economic and Social Council

    (3)   General Assembly

    (4)   Trusteeship Council

    (5)   World Bank

45. All of the following former or current world leaders are correctly matched with his or her nation EXCEPT

    (1)   Vladimir Putin—Russia

    (2)   Saddam Hussein—Iraq

    (3)   Andres Pastrana—Mexico

    (4)   Anwar Sadat—Egypt

    (5)   Margaret Thatcher—England

46. During the Cold War, many Americans believed that communism, if allowed to spread, would threaten democracy. To prevent the spread of communism, the United States pursued a policy of

    (1)   intervention in the affairs of communist countries.

    (2)   brinkmanship, or risking war to maintain peace.

    (3)   containment, or keeping communism within its current borders.

    (4)   massive retaliation against any threat or action by a communist country.

    (5)   covert operations, or secret activities aimed at undermining communist governments.

44. ¿En qué organismo de las Naciones Unidas están representados todos los estados miembro?

(1)   El Consejo de Seguridad.

(2)   El Consejo Económico y Social.

(3)   La Asamblea General.

(4)   El Consejo de Administración Fiduciaria.

(5)   El Banco Mundial.

45. Todos los siguientes líderes mundiales actuales o anteriores están relacionados con su nación EXCEPTO

(1)   Vladimir Putin—Rusia.

(2)   Saddam Hussein—Irak.

(3)   Andres Pastrana—México.

(4)   Anwar Sadat—Egipto.

(5)   Margaret Thatcher—Inglaterra.

46. Durante la Guerra Fría, muchos estadounidenses creían que en caso de expandirse, el comunismo atentaría contra la democracia. Para evitar la expansión del comunismo, Estados Unidos siguió una política de

(1)   intervención en los asuntos de países comunistas.

(2)   audacia o arriesgar la guerra para mantener la paz.

(3)   contención, o mantener el comunismo dentro de sus límites actuales.

(4)   represalias masivas contra toda amenaza o acción de un país comunista.

(5)   operaciones encubiertas, o actividades secretas con el objetivo de socavar a los gobiernos comunistas.

Items 47 and 48 refer to the following passage.

From 1848 to 1919, American women fought for a constitutional amendment giving them suffrage, or the right to vote. Year after year, more and more women attended rallies and marched in the streets. In one parade, a reporter noted that "women doctors, women lawyers, women architects, women artists, actresses and sculptors; women waitresses, domestics; a huge division of industrial workers . . . all marched with an intensity and purpose that astonished the crowds that lined the streets." In 1919, Congress passed the Nineteenth Amendment, giving women the right to vote. A year later, the states ratified it, and female suffrage became the law of the land.

47. Attending speeches, rallies, and marches are activities that

    (1)   are protected by the First Amendment.

    (2)   were unbecoming for women at the time.

    (3)   convinced lawmakers to pass the Nineteenth Amendment.

    (4)   did little to further the cause of suffrage.

    (5)   showed how determined all women were.

48. Which conclusion is best supported by the reporter's description of a suffragist parade?

    (1)   Only a handful of women wanted suffrage and were willing to take a stand.

    (2)   Only wealthy women had time to take part in marches and parades supporting suffrage.

    (3)   Voting was not a serious issue for most women.

    (4)   Women from many different walks of life took a stand in favor of women's suffrage.

    (5)   Working women were interested in voting because the stakes were higher for them.

49. Which of the following is not consistent with the writings of Karl Marx?

    (1)   The concept of the "wage slave"

    (2)   The primacy of class struggle

    (3)   The growing poverty of the proletariat

    (4)   The withering away of the state

    (5)   The accumulation of individual profit

50. Which of the following can be best classified as nations marked by low birthrates and low death rates?

    (1)   Communist China, India, the United Arab Republic

    (2)   United States, India, Lebanon

    (3)   Brazil, Indonesia, Sudan

    (4)   Great Britain, France, Austria

    (5)   Ghana, Mexico, Spain

Las preguntas 47 y 48 se basan en el siguiente fragmento.

De 1848 a 1919, las mujeres estadounidenses lucharon por una enmienda constitucional que les otorgara el derecho al sufragio, o derecho a voto. Año tras año, más mujeres asistían a los mitines y marchaban en las calles. En una marcha, un periodista destacó que "mujeres médicas, abogadas, arquitectas, artistas, actrices y escultoras; camareras, empleadas domésticas; una enorme división de trabajadoras industriales... marcharon con una vehemencia y una determinación que asombró a las multitudes que bordeaban las calles". En 1919, el Congreso aprobó la Decimonovena Enmienda, que otorgó el voto femenino. Un año después, los estados la ratificaron y el sufragio femenino se convirtió en legislación nacional.

47. Asistir a los discursos, mítines y marchas son actividades que

    (1)   están protegidas por la Primera Enmienda.

    (2)   resultaban impropias para las mujeres en ese momento.

    (3)   convencieron a los legisladores de aprobar la Decimonovena Enmienda.

    (4)   no contribuyeron en mucho para impulsar la causa del sufragio.

    (5)   demostraron la resolución de las mujeres.

48. ¿Qué conclusión está más respaldada por la descripción del periodista de una marcha por el sufragio?

    (1)   Sólo algunas mujeres deseaban el sufragio y estaban dispuestas a adoptar una postura respecto al voto.

    (2)   Sólo las mujeres adineradas tenían tiempo para participar en marchas que apoyaban el sufragio.

    (3)   El voto no era un tema serio para la mayoría de las mujeres.

    (4)   Mujeres de muchas clases sociales adoptaron una postura a favor del sufragio femenino.

    (5)   Las mujeres que trabajaban estaban interesadas en votar puesto que tenían más en juego.

49. ¿Cuál de las siguientes no coincide con los escritos de Karl Marx?

    (1)   El concepto de "esclavo del sueldo".

    (2)   La primacía de la lucha de clases.

    (3)   La creciente pobreza del proletariado.

    (4)   La debilitación del estado.

    (5)   La acumulación de la ganancia individual.

50. ¿Cuáles de las siguientes se pueden clasificar mejor como naciones marcadas por tasas bajas de natalidad y mortalidad?

    (1)   China Comunista, India, República Árabe Unida.

    (2)   Estados Unidos, India, Líbano.

    (3)   Brasil, Indonesia, Sudán.

    (4)   Gran Bretaña, Francia, Austria.

    (5)   Ghana, México, España.

ANSWERS AND EXPLANATIONS

1. **The correct answer is (2). (Comprehension).** In 1977 Anwar el-Sadat, President of Egypt, became the first Arab head of state to visit Israel. Two years later, Egypt and Israel signed a peace treaty at the Camp David Accords.

2. **The correct answer is (3). (Comprehension)** In 1935 Italy invaded Ethiopia and occupied the country until 1941.

3. **The correct answer is (3). (Analysis)** Because the passage states that while a judge, Jackson was noted for his fairness, choice (3) is correct. None of the other choices is related to his beliefs about justice and fairness.

4. **The correct answer is (1). (Application)** Jackson's manipulation of the spoils system, which was in and of itself corrupt, would be a justification for Clay's description. The other four choices are in no way related to Jackson's corruptibility.

5. The correct an swer is (4). (Application) Going off to fight a war as a youngster and becoming involved in a duel are clearly not well-thought-out actions. None of the other events, as described, could be called rash.

6. **The correct answer is (1). (Comprehension)** According to the passage, Jackson fought in the Revolutionary War in the late 1700s and in the War of 1812.

7. **The correct answer is (3). (Analysis)** The success of the Americans in the Battle of New Orleans and the extremely low number of American casualties are strong indicators that Jackson was a good military commander. Nothing in the passage supports any of the other four choices.

8. **The correct answer is (2). (Application)** Increasing the money supply and giving loans without increasing production would result in inflation.

9. **The correct answer is (3). (Application)** The power of the judicial system to review the constitutionality of laws is the principle of American government to which the cartoon refers.

10. **The correct answer is (3). (Analysis)** The Bay of Pigs invasion occurred in 1961 prior to the Cuban Missile Crisis. Castro was never removed from power, the United States has never diplomatically recognized Castro's Cuba, nor has free travel been allowed between the two countries. Soviet missiles were removed from Cuba, and later the United States removed the Jupiter missiles from Turkey.

11. **The correct answer is (5). (Analysis)** Only the United States Senate is involved in the ratification process, and according to Article II, section 2.2, of the Constitution, a two-thirds vote of the Senate is required for ratification of a treaty.

12. **The correct answer is (2). (Application)** The majority of Americans today would be at or on the political center. Given the large number of issues involved in American politics today, political divisions become less rigidly defined. Therefore the majority of Americans are at or on the center of the spectrum.

13. **The correct answer is (2). (Application)** The greatest percent change in inflation was a decrease of approximately 7.5 percent from 1981–1983, making choice (2) the best answer.

14. **The correct answer is (1). (Analysis)** A low rate of growth often means that employers are not expanding their businesses and therefore not hiring additional employees, and the employers may actually be laying off some workers in response to sluggish sales.

15. **The correct answer is (4). (Application)** The greatest decrease—about 5 percent—was from 1988–1991.

RESPUESTAS Y EXPLICACIONES

1. **La respuesta correcta es la (2). (Comprensión).** En 1977 Anwar el-Sadat, Presidente de Egipto, se convirtió en el primer jefe de estado árabe que visitó a Israel. Dos años después, Egipto e Israel firmaron un tratado de paz en los Acuerdos de Camp David.

2. **La respuesta correcta es la (3). (Comprensión)** En 1935 Italia invadió Etiopía y ocupó el país hasta 1941.

3. **La respuesta correcta es la (3). (Análisis)** Debido a que el fragmento indica que en su función de juez Jackson se destacó por su imparcialidad, la opción (3) es la correcta. Ninguna de las otras opciones se relaciona con sus creencias acerca de la justicia y la ecuanimidad.

4. **La respuesta correcta es la (1). (Aplicación)** La manipulación de sobornos por parte de Jackson para pagar favoritismos, un hecho corrupto en sí mismo, justificaría la descripción de Clay. Las otras cuatro opciones no se relacionan con la corruptibilidad de Jackson.

5. **La respuesta correcta es la (4). (Aplicación)** Marcharse a luchar una guerra siendo tan joven e involucrarse en un duelo evidentemente no son acciones meditadas. Ninguno de los otros eventos, tal como se los describe, podrían considerarse impetuosos.

6. **La respuesta correcta es la (1). (Comprensión)** De acuerdo con el fragmento, Jackson luchó en la Guerra de la Revolución a fines del siglo XVIII y en la Guerra de 1812.

7. **La respuesta correcta es la (3). (Análisis)** El éxito de los estadounidenses en la Batalla de Nueva Orleans y la mínima cantidad de bajas son importantes indicadores de que Jackson fue un buen comandante militar. El fragmento no respalda ninguna de las otras cuatro opciones.

8. **La respuesta correcta es la (2). (Aplicación)** Aumentar la oferta monetaria y otorgar préstamos sin aumentar la producción traería como resultado inflación.

9. **La respuesta correcta es la (3). (Aplicación)** El poder del sistema judicial de revisar la constitucionalidad de las leyes es el principio del gobierno estadounidense al que hace referencia la caricatura.

10. **La respuesta correcta es la (3). (Análisis)** La invasión de Bahía de Cochinos ocurrió en 1961 antes de la Crisis de los Misiles Cubanos. Castro nunca fue destituido del poder, Estados Unidos jamás reconoció diplomáticamente a la Cuba de Castro ni se permitió el libre tránsito entre los dos países. Se retiraron los misiles soviéticos de Cuba y luego Estados Unidos retiró los misiles Júpiter de Turquía.

11. **La respuesta correcta es la (5). (Análisis)** Sólo Estados Unidos está involucrado en el proceso de ratificación, y de acuerdo con el Artículo II, sección 2.2 de la Constitución, se requieren dos tercios de los votos del Senado para ratificar un tratado.

12. **La respuesta correcta es la (2). (Aplicación)** La mayoría de los estadounidenses en la actualidad serían centristas. Debido a la gran cantidad de temas que involucra la política estadounidense hoy en día, las divisiones políticas están definidas de manera menos rígida. Por lo tanto, la mayoría de los estadounidenses se encuentra en el centro del espectro.

13. **La respuesta correcta es la (2). (Aplicación)** El mayor cambio de porcentaje de inflación fue una disminución de aproximadamente el 7.5 por ciento de 1981 a 1983, por lo que la opción (2) es la mejor respuesta.

14. **La respuesta correcta es la (1). (Análisis)** Una tasa baja de crecimiento a menudo significa que los empleadores no están expandiendo su negocio y por lo tanto no contratan personal adicional, sino que de hecho tal vez estén llevando a cabo despidos debido a la baja actividad comercial.

15. **La respuesta correcta es la (4). (Aplicación)** La mayor disminución—alrededor del 5 por ciento—fue de 1988 a 1991.

16. **The correct answer is (3). (Evaluation)** The best time to look for a job would be when the economy was growing (so that businesses might be in need of additional workers), unemployment was falling (so that there would be fewer available workers for employers to choose from), and inflation was falling (so that businesses would not be afraid of future monetary problems).

17. **The correct answer is (2). (Analysis)** Falling inflation is good for both business and employment because business can better predict the costs of its materials and supplies and people have a consistent amount of money to spend. Choice (4) was an effect, not a cause, of economic growth. Choices (1), (3), and (5) represent factors not included in the graph.

18. **The correct answer is (4).** (Comprehension) All of the choices describe the effects of the Mount Pinatubo eruption, but only choice (4) describes an effect that touched the whole world.

19. **The correct answer is (5). (Application)** Because the effects of the 1991 eruption are expected to last for a decade, avalanches are predicted until at least the year 2001.

20. **The correct answer is (5). (Analysis)** The safest plan would be to move people out of the danger zone. Planting grasses and crops, choice (1), is often a good long-term solution to prevent mudslides on slopes, but plants are not likely to grow in volcanic ash. Meanwhile, the destructive slides would continue. Choices (2), (3), and (4) are not reasonable options.

21. **The correct answer is (3). (Evaluation)** Because most of those who were displaced were farmers from small towns and villages, the creation of highways and tall buildings clearly did not help them regain what they had lost.

22. **The correct answer is (5). (Comprehension)** The passage states that deadly gases and falling ash were the elements that killed the most people.

23. **The correct answer is (1). (Analysis)** The main reason for the post-Civil War influx of immigrants was the attraction of economic opportunities in the United States. Labor-recruiting agents, steamship companies, and land-grant railroads all advertised the abundant opportunities available in the United States.

24. **The correct answer is (2). (Analysis)** Of the choices provided, the only characteristic shared by both nations is the use of the popular election for the selection of political representatives.

25. **The correct answer is (1). (Analysis)** NATO was formed out of a desire by the Western nations to form a measure of "collective security" against the spread of Communism following the conclusion of World War II. NATO is the only choice that is applicable to this goal.

26. **The correct answer is (4). (Analysis).** Colin Powell is the current Secretary of State and is linked to the other men who previously served in this position.

27. **The correct answer is (4). (Evaluation)** This independence has led some justices, including some of the most famous, to follow their consciences, regardless of previous tilts toward liberal or conservative platforms.

28. **The correct answer is (4). (Comprehension)** The chart lists numbers of visits in thousands, and 26,630 times 1,000 equals 26.63 million.

29. **The correct answer is (2). (Evaluation)** The twentieth century has seen a great improvement in transportation systems worldwide. In addition, a shortened work week and more work-saving machines for both the home and the factory have led to an increase in leisure time. These two factors have allowed Americans to take more vacations and to visit national parks more frequently.

16. **La respuesta correcta es la (3). (Evaluación)** El mejor momento para buscar trabajo sería en una economía en crecimiento (ya que las empresas podrían necesitar trabajadores adicionales), con una tasa de desempleo baja (ya que habría menos trabajadores disponibles para que los empleadores eligieran) y si la inflación disminuye (ya que las empresas no temerían futuros problemas monetarios).

17. **La respuesta correcta es la (2). (Análisis)** La inflación decreciente es buena para las empresas y para el empleo ya que las compañías pueden calcular mejor los costos de sus materiales y suministros y las personas cuentan con una buena cantidad de dinero para gastar. La opción (4) fue un efecto, no una causa, del crecimiento económico. Las opciones (1), (3) y (5) son factores que no están incluidos en la gráfica.

18. **La respuesta correcta es la (4).** (Comprensión) Todas las opciones describen los efectos de la erupción del Monte Pinatubo pero sólo la opción (4) describe un efecto que impactó en todo el mundo.

19. **La respuesta correcta es la (5). (Aplicación)** Debido a que se espera que los efectos de la erupción de 1991 duren una década, se predicen avalanchas hasta por lo menos el año 2001.

20. **La respuesta correcta es la (5). (Análisis)** El plan más seguro sería retirar a la población del área del peligro. La plantación de césped y cultivos, opción (1), a menudo es una buena solución a largo plazo para evitar los deslizamientos de tierra pero no es factible que las plantas crezcan en la ceniza volcánica. Mientras tanto, los deslizamientos destructivos continuarían. Las opciones (2), (3) y (4) no son opciones razonables.

21. **La respuesta correcta es la (3). (Evaluación)** Debido a que la mayoría de quienes fueron desalojados se trataba de granjeros de pequeñas ciudades y pueblos, claramente, la construcción de autopistas y edificios no ayudó a que recuperaran lo que habían perdido.

22. **La respuesta correcta es la (5). (Comprensión)** El fragmento indica que los gases letales y la caída de ceniza fueron los elementos que mataron a la mayor parte de las personas.

23. **La respuesta correcta es la (1). (Análisis)** La razón principal de la afluencia de inmigrantes después de la Guerra Civil fue la posibilidad de oportunidades económicas en los Estados Unidos. Los agentes de reclutamiento de mano de obra, las compañías navieras y los ferrocarriles sobre tierras concedidas publicaron las abundantes oportunidades disponibles en los Estados Unidos.

24. **La respuesta correcta es la (2). (Análisis)** De las opciones brindadas, la única característica que comparten ambas naciones es el uso de la elección popular para la selección de representantes políticos.

25. **La respuesta correcta es la (1). (Análisis)** La OTAN se formó por el deseo de las naciones occidentales de idear una medida de "seguridad colectiva" contra la expansión del Comunismo después de haber finalizado la Segunda Guerra Mundial. La OTAN es la única opción que se aplica globalmente.

26. **La respuesta correcta es la (4). (Análisis).** Colin Powell es el actual Secretario de Estado y está relacionado con los otros hombres que ocuparon anteriormente este cargo.

27. **La respuesta correcta es la (4). (Evaluación)** Esta independencia condujo a algunas injusticias, incluidas algunas de las más famosas, para seguir a su conciencia, más allá de las inclinaciones previas hacia las plataformas liberales o conservadoras.

28. **La respuesta correcta es la (4). (Comprensión)** El cuadro enumera las cantidades de visitas en miles y 26,630 por 1,000 da como resultado 26.63 millones.

29. **La respuesta correcta es la (2). (Evaluación)** El siglo veinte ha tenido grandes mejoras en los sistemas de transporte mundiales. Además, una semana laboral más corta y maquinarias que ahorran tiempo tanto en los hogares como en las fábricas han posibilitado más tiempo libre. Estos dos factores han permitido a los estadounidenses tomarse más vacaciones y visitar parques nacionales con mayor frecuencia.

30. **The correct answer is (3). (Comprehension)** The smallest number of increased visits was 801,000, which occurred between 1910 and 1920.

31. **The correct answer is (3). (Analysis)** The belief in the preservation of valuable sites in America has contributed to the increase in the numbers of national parks, historic sites, battlefields, and monuments.

32. **The correct answer is (5). (Analysis)** Housing (rent and mortgage payments), food, cars, and medical care are all goods or services purchased by typical consumers. Wages represent income, not spending.

31. **The correct answer is (3). (Analysis)** The belief in the preservation of valuable sites in America has contributed to the increase in the numbers of national parks, historic sites, battlefields, and monuments.

34. **The correct answer is (3). (Analysis)** Having witnessed what happened to China as a result of imperialism, one of Japan's primary aims following the Meiji Restoration was to retain their sovereignty by resisting foreign dominance. Modernization would best fulfill this goal.

35. **The correct answer is (1). (Analysis)** National will is an intangible component of national/international power. All of the other choices are tangible factors that can be quantifiably measured.

36. **The correct answer is (5). (Comprehension)** President Garfield believed appointments should be made on merit rather than the spoils system. He was assassinated by Charles J. Guiteau who had asked for an appointment which Garfield did not feel was merited. The direct result of these events was the passage of the Pendleton Civil Service Act.

37. **The correct answer is (5). (Analysis)** Choice (5) gives the most complete description of the relationship between the black population and the white population. Each of the other choices describes only one portion of the facts presented in the chart.

38. **The correct answer is (3). (Analysis)** The two-term limit is part of the system of checks and balances, which prevents any one group or individual from gaining too much power in the nation.

39. **The correct answer is (4). (Analysis)** Strong ties to a foreign government might make it impossible for an elected American official to operate with the best interests of the United States in mind.

40. **The correct answer is (2). (Analysis)** An increase in demand means that more will be purchased at every possible price. Hence, if demand increases and supply does not change, the demand curve will shift outward from the price axis, resulting in a higher price and more quantity exchanged.

41. **The correct answer is (2). (Application)** The second worker adds 60 units to output; all other workers, including the first one, add fewer than 60 units.

42. **The correct answer is (3). (Application)** Total output increases, but the third worker adds 50 units, fewer than the 60 units added by the second worker.

43. **The correct answer is (5). (Comprehension)** The Paris Convention of 1919 granted sovereignty to each nation for the air space above it. Given that fact, the only logical choice would be all of the countries listed.

44. **The correct answer is (3). (Analysis)** The term "General Assembly" is a clue to the fact that this is indeed the only choice where all member-states are represented.

45. **The correct answer is (3). (Analysis)** Andreas Pastrana became the President of Columbia in June of 1998. The other pairs are correctly matched.

30. **La respuesta correcta es la (3). (Comprensión)** La menor cantidad de visitas en aumento fue de 801,000, que ocurrió entre 1910 y 1920.

31. **La respuesta correcta es la (3). (Análisis)** La creencia en la conservación de sitios valiosos en los Estados Unidos ha contribuido a aumentar la cantidad de parques nacionales, sitios históricos, campos de batalla y monumentos.

32. **La respuesta correcta es la (5). (Análisis)** La vivienda (pagos de alquiler e hipoteca), alimentos, automóviles y asistencia médica son todos productos y servicios que compra un consumidor típico. Los sueldos representan ingresos, no gastos.

34. **La respuesta correcta es la (3). (Análisis)** Tras haber presenciado lo ocurrido a China como resultado del imperialismo, uno de los principales objetivos de Japón después de la Restauración de Meiji fue conservar su soberanía resistiéndose al dominio extranjero. La modernización lograría este objetivo de la mejor manera.

35. **La respuesta correcta es la (1). (Análisis)** La voluntad nacional es un componente intangible del poder nacional/internacional. Todas las otras opciones son factores tangibles que se pueden medir cuantitativamente.

36. **La respuesta correcta es la (5). (Comprensión)** El Presidente Garfield consideraba que las designaciones debían basarse en el mérito y no en el sistema de favoritismo. Fue asesinado por Charles J. Guiteau, quien había solicitado una designación que Garfield no consideró se merecía. El resultado directo de estos eventos fue la aprobación de la Ley Pendleton de Servicio Civil.

37. **La respuesta correcta es la (5). (Análisis)** La opción (5) describe con mayor detalle la relación entre la población negra y la blanca. Las otras opciones sólo mencionan una parte de los hechos presentados en el cuadro.

38. **La respuesta correcta es la (3). (Análisis)** El límite de dos mandatos es parte del sistema de división de poderes, que evita que cualquier grupo o persona acumule demasiado poder en la nación.

39. **La respuesta correcta es la (4). (Análisis)** Los fuertes vínculos con un gobierno extranjero impiden que un funcionario estadounidense electo trabaje pensando en los mejores intereses de los Estados Unidos.

40. **La respuesta correcta es la (2). (Análisis)** Un aumento en la demanda significa que se comprará más a cualquier precio posible. Por lo tanto, si la demanda aumenta y la oferta no cambia, la curva de la demanda se inclinará más lejos del eje del precio y como resultado éste subirá y la cantidad intercambiada será mayor.

41. **La respuesta correcta es la (2). (Aplicación)** El segundo trabajador suma 60 unidades a la producción; todos los demás trabajadores, incluido el primero, suman menos de 60 unidades.

42. **La respuesta correcta es la (3). (Aplicación)** La producción total aumenta, pero el tercer trabajador suma 50 unidades, menos que las 60 que sumó el segundo.

43. **La respuesta correcta es la (5). (Comprensión)** La Convención de París de 1919 otorgó soberanía a cada nación sobre el espacio aéreo que se encuentra encima de ella. De esta manera, la única opción lógica sería todos los países detallados.

44. **La respuesta correcta es la (3). (Análisis)** El término "Asamblea General" es una pista de que en realidad es la única opción en la que se representan los estados miembro.

45. **La respuesta correcta es la (3). (Análisis)** Andreas Pastrana se convirtió en Presidente de Colombia en junio de 1998. El resto de los pares se encuentran unidos correctamente.

46. **The correct answer is (3). (Analysis)** To prevent the spread of communism is to contain it, so containment, choice (3), is the only possible answer. In its fight against communism, the United States has since pursued the other policies listed, except choice (4), massive retaliation.

47. **The correct answer is (1). (Application)** The activities described are protected by the rights of free speech and assembly guaranteed in the First Amendment.

48. **The correct answer is (4). (Evaluation)** The description of the parade indicates that all sorts of women participated in pro-suffrage marches and other activities, so choice (4) is the best conclusion. The other choices assume that only certain groups of women marched or make incorrect assumptions about the womens' support of suffrage.

49. **The correct answer is (5). (Analysis)** Marx believed that all history could be defined as a class struggle over the control of the means of production. The only choice that does not fit with this concept of history is the idea of individual profit.

50. **The correct choice is (4). (Analysis)** This is the only group that does not contain a nation with a high birth rate and/or higher death rate. Therefore it is the best choice.

46. **La respuesta correcta es la (3). (Análisis)** Evitar la expansión del comunismo es contenerlo, por lo que la contención, opción (3), es la única respuesta posible. En su lucha contra el comunismo, Estados Unidos siguió las otras políticas detalladas, excepto la opción (4), represalias masivas.

47. **La respuesta correcta es la (1). (Aplicación)** Las actividades descriptas se encuentran protegidas por los derechos de libertad de expresión y asamblea garantizados en la Primera Enmienda.

48. **La respuesta correcta es la (4). (Evaluación)** La descripción del desfile indica que todo tipo de mujeres participaron en las marchas y actividades a favor del sufragio, por lo que la opción (4) es la mejor opción. Las otras opciones asumen que sólo ciertos grupos de mujeres marcharon o realizan conjeturas incorrectas acerca del apoyo al voto de la mujer.

49. **La respuesta correcta es la (5). (Análisis)** Marx creía que toda la historia se podía definir como una lucha de clases por el control de los medios de producción. La única opción que no encaja con este concepto de historia es la idea de las ganancias individuales.

50. **La respuesta correcta es la (4). (Análisis)** Este es el único grupo que no contiene una nación con una alta tasa de natalidad y/o una tasa más alta de mortalidad. Por lo tanto, es la mejor opción.